約旦史
Jordan
一脈相承的王國

冀開運——著

三民書局

國家圖書館出版品預行編目資料

約旦史：一脈相承的王國／冀開運著.－－二版一刷.
－－臺北市：三民，2019
面；　公分.－－(國別史叢書)
參考書目：面
ISBN 978－957－14－6670－5　(平裝)

1.約旦史

735.6　　　　　　　　　　　　　　　108011519

© 約 旦 史
——一脈相承的王國

著 作 人	冀開運
發 行 人	劉振強
著作財產權人	三民書局股份有限公司
發 行 所	三民書局股份有限公司
	地址　臺北市復興北路386號
	電話　(02)25006600
	郵撥帳號　0009998-5
門 市 部	(復北店) 臺北市復興北路386號
	(重南店) 臺北市重慶南路一段61號
出版日期	初版一刷　2004年6月
	二版一刷　2019年9月
編　　號	S 730150

行政院新聞局登記證局版臺業字第〇二〇〇號

http://www.sanmin.com.tw　三民網路書店
※本書如有缺頁、破損或裝訂錯誤，請寄回本公司更換。

二版序

　　2004 年，臺灣三民書局首次出版了《約旦史》。轉眼間十五年過去了，約旦又經歷了引人入勝的考驗和歷練。2019 年收到三民書局的信函，決定再版約旦史，並希望我補充約旦的發展現狀，以便緊跟國際形勢，保持史書的連貫性和時效性。但就約旦近年來的發展有以下體會，希望與讀者分享。

　　首先，約旦政治現代化和民主化的進程在穩步推進。約旦實行二元制君主立憲制政體，國內眾多部落效忠國王，訓練有素的軍隊亦聽命於國王；民眾雖反對政府的具體政策，但不反對國王和體制。合法存在的多黨制，以及透過有限選舉和任命產生的議會制，彰顯了約旦政治制度的韌性和彈性。儘管國內存在一些極端主義和恐怖主義組織，也顯得有心無力，無法動搖民眾求穩的基礎。出身聖裔家族的國王意志堅定、從容不迫，牢牢地掌握實權和軍權，也能及時順應民心、回應民意、注重民生、勵精圖治，推行自上而下的漸進式改革。

　　其次，約旦自然資源匱乏，缺油少氣、沙漠廣布、水貴如油。但約旦利用近一千萬的人力資源，向中東各國輸出人才，並通過源源不斷的僑匯支持經濟發展。

　　地理位置決定了約旦的地緣戰略地位。約旦在國際政治格局

中很重要，也很脆弱，卻也因此在國際社會發揮了超越自身綜合國力的建設性作用。約旦一直執行八面玲瓏的務實、溫和、靈活外交戰略和政策，與世界大國、周邊國家友好相處，在夾縫中求生存。同時，約旦的外交與內政良性互動、共生，為約旦爭取了巨額的外援，支撐了風雨飄搖的經濟和政局。

約旦在政策和法律領域內銳意改革、推陳出新，以完善細緻的稅收政策、關稅政策、金融政策和工業園區政策，從軟實力和軟環境的角度吸引外資、發展經濟，緊跟著經濟全球化和社會資訊化浪潮。

總之，新世紀的約旦依然是動盪的中東海洋裡一座穩定而平安的島嶼，約旦王國有危機、有挑戰，但不會改朝換代；有機遇、有改革，但不會突飛猛進。約旦王國將一直保持歷史的連續性和革新的積極性，並在中東大地展示自己的獨特魅力。

冀開運於西南大學伊朗研究中心

2019 年 8 月 10 日

序　言

　　約旦史是約旦國土上發生的歷史和約旦王國歷史的有機結合。本書力圖從以下五個方面來論述約旦史：

　　首先，約旦國土上發生的歷史可以追溯到西元前九世紀，約旦既有自身獨特的阿拉伯游牧文明，也深受希臘文化和羅馬文化的影響。最為典型的代表就是存在了二百七十五年的奈伯特王國。西元106年，羅馬軍隊攻克佩特拉，羅馬人在這裡修建了羅馬劇場、拱形大門、石柱街和法院，使羅馬文化與奈伯特文化相互交融。在今天約旦的古城賈拉什，就有很多羅馬帝國時代和拜占庭帝國時代的建築，橢圓形的羅馬廣場和宙斯神廟見證了這一段輝煌歷史。

　　其次，約旦伊斯蘭化是約旦歷史上劃時代的大事。從此以後，約旦是阿拉伯世界和伊斯蘭世界不可分割的組成部分。約旦屬於奧米亞王朝和阿拔斯王朝管轄。因為約旦處於非洲和亞洲的交滙點和交通要道上，建立於埃及的封建王朝——圖倫王朝、伊赫什德王朝、法蒂瑪王朝、阿尤布王朝和馬木魯克王朝，一直控制著約旦，約旦一度被納入塞爾柱土耳其帝國的版圖。鄰近十字軍東征戰場的約旦，見證了薩拉丁的豐功偉績，約旦在西元1517年後歸屬鄂圖曼土耳其帝國。約旦由此具有伊斯蘭屬性和阿拉伯屬性。

　　第三，約旦王室家族具有悠久的歷史和光榮的傳統。約旦王室屬於哈希姆家族，子孫後代享有「謝里夫」尊稱，為伊斯蘭世界著名的聖裔家族，世代擔任麥加埃米爾，具有豐富的政治經驗，同時在阿拉伯世界具有高度政治合法性，這也形成了今天約旦政治制度中王室家族統治的淵源，給約旦的政治制度賦予了傳統性的濃厚色彩。

　　第四，約旦王國是大英帝國人為炮製的國家。第一次世界大戰後，巴勒斯坦為英國的委任統治地。1921 年英國以約旦河為界，把巴勒斯坦一分為二，西部仍稱巴勒斯坦，東部建立外約旦酋長國。1946 年 3 月 22 日，英國承認外約旦獨立，5 月改名為外約旦哈希姆王國。1954 年 4 月，外約旦同約旦河西岸合併，改稱約旦哈希姆王國。英國是外約旦酋長國的接生婆，是它的外交代理人，是國家財力的提供者以及國家安全的保護者。約旦在外交上依附於英國，決定了約旦向西方開放的外交格局，也決定了約旦以西方化來促進本國現代化進程。

　　第五，約旦王國的地理位置和資源狀況決定了約旦的國家戰略。約旦處於以阿衝突的前沿陣地，歷次中東戰爭對約旦國家造成嚴重威脅，埃及、伊拉克也一直想顛覆約旦王室，所以約旦一直處於夾縫中求生存的狀態，約旦的外交戰略是：為國家的生存與發展，廣交朋友，追求實惠，執行溫合、靈活、務實、和平與睦鄰友好政策，以期達到左右逢源、八面玲瓏的目的。約旦資源匱乏，國家財力不足，這決定了約旦為了爭取外援必須與歐、美、日本等已開發國家保持友好關係，同時約旦下定決心開發國內人

力資源，以人力資源的優勢彌補研產資源的劣勢。由此，約旦在國家發展中探索出獨具特色的道路。

在本書寫作過程中，本人從兩個角度敘述約旦史，一是約旦國土上曾經發生的滄桑巨變；二是麥加哈希姆家族的源與流，以及埃米爾制度的始末。1920 年以後，屬於約旦哈希姆家族的阿布都拉一世建立酋長國，1950 年約旦王國在他手中誕生，之後歷經塔拉勒國王短暫執政，及胡笙國王四十餘年在位，1999 年阿布都拉二世在眾人矚目下上臺執政，約旦歷史又跨入新的里程碑。

由於國內對於約旦的相關研究尚屬一片荒蕪，本人在寫作過程中主要借鑒國外著作期刊及國內先進的專文篇章，資料時間僅至 2002 年底，或有部分資料更新而不及備載，或囿於個人才學，疏漏與淺薄之處在所難免，還望博雅君子有以教之。

冀開運

2004 年 3 月於重慶

約旦史
一脈相承的王國

目　次 | *Contents*

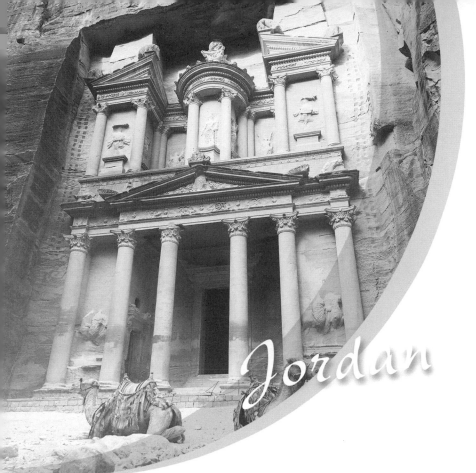

Jordan

第 1 篇

近代以前的約旦地區

追本溯源：古代的約旦

第一節　約旦的地理環境

　　約旦全稱為約旦哈希姆王國 (Hashemite Kingdom of the Jordan)，1920 年建國。歷史上地理學家稱這塊土地為外約旦 (Transjordan)，面積超過九萬七千七百四十平方公里，從 1951 到 1988 年還包括巴勒斯坦約旦河西岸五千八百七十九平方公里的國土。外約旦國土上的人口因歷史時代的不同而不同，在 1920 年代低潮時少於四十萬人，1956 年統計為一百五十萬人，1984 年人口為二百六十三萬（不包括約旦河西岸居民），1999 年估計近六百七十萬人，近四分之一居住在首都安曼 (Amman)，1996 年安曼人口達一百五十七萬。

　　約旦位於阿拉伯半島西北部。它西鄰巴勒斯坦和以色列，北靠敘利亞，東北與伊拉克相接，東面和南面是沙烏地阿拉伯王國。從西到東，約旦由三個自然區域組成，這三個自然區域在約旦唯

圖 1：約旦地圖

一的出海口——南方的亞喀巴 (Aqaba) 港匯合。原來亞喀巴灣海岸線僅限於八公里。1965 年約旦和沙烏地阿拉伯王國達成調整邊界的協定，使亞喀巴灣海岸線擴展到二十六公里。

　　約旦第一個自然區域包括果爾（Ghor，阿拉伯語意為「下陷的土地」）大裂谷和阿拉伯谷地（Araba Wadi，Wadi 意為乾谷）的東部。在果爾大裂谷的北方，其走向同約旦河 (Jordan River) 一致，約旦河源於太巴列湖 (Lake Tiberias)，從海平面下一百九十公尺處流到地球上的最低點——海平面下四百三十五公尺的死海 (The Dead Sea)。從死海的南端，阿拉伯谷地逐漸上升到海拔三百公尺，再慢慢降低到紅海 (The Red Sea) 的亞喀巴灣。阿拉伯谷地正如其詞意所指，大部分為戈壁或沙漠（「阿拉伯」可能源於迦南語和亞蘭語，意為「沙漠」、「荒漠」）。果爾大裂谷堆滿豐富的沖積土壤，約旦河及其支流的灌溉使它變成可耕地。果爾大裂谷兩邊是巴勒斯坦和外約旦隆起的高原，兩岸的海拔高度為八百至九百公尺，谷內形成溫室效應，這裡土壤肥沃。除了冬天的幾個月外，這裡光熱充足，宜於農業生產。

　　果爾大裂谷和阿拉伯谷地的東邊是外約旦高原，這是約旦的第二個自然區域。當地理學家談到外約旦時，他們心目中所想到的主要是這個地區。在三個自然區域中，這個區域在歷史上人口稠密。高原開始於北方的約旦河的支流雅穆克河（Yarmouk River，長約四十公里），這條河發源於敘利亞境內，全長五十七公里。高原向南，延伸到亞喀巴灣時逐漸變細消失。從北向南，高原被河谷和峽谷分成不同的部分，但又自然組合，自成一體。

在雅穆克河和約旦河的第二個支流札爾卡河（Zarqa Rive，阿拉伯語蘭河一詞的音譯，全長七十五公里）之間的高原，被古典的阿拉伯地理學家過去稱為「薩瓦迪」(Wadi Al-Sir)，意為「肥沃的土地」。這個地區包括伊爾比德 (Irbid) 高地和阿杰隆 (Ajloun) 山區。緊接著是巴爾卡 (Balqa) 高地，它在札爾卡河和穆吉卜峽谷 (Wadi Al-Mujib) 之間，該峽谷的水注入死海。巴爾卡的分水嶺自然把該地分成兩部分：東部是安曼周圍，西部由肥沃的舒亞卜谷地伸展到果爾，以鹽城為中心。最後，有一系列高山，阿拉伯語叫比拉德‧夏拉特 (Bilad Al-Sharat)，從穆吉卜峽谷向北抬升到海拔一千二百公尺的山峰，向南升高到海拔一千五百多公尺。這裡的主要城市是俯瞰死海南端的卡拉克。

外約旦高原氣候乾燥溫和，大部分是沙漠，而其西邊的巴勒斯坦雨水較多。因此當地的農業限於傳統的旱地農業，但有井水、泉水、終年或季節性溪流灌溉果園和菜園。自古以來，外約旦高原以穀倉聞名，然而一些海拔更高的地方也以葡萄園聞名。

越過外約旦高原是第三個自然區域：屬於敘利亞－阿拉伯 (Syro-Arabian) 沙漠，那是一塊布滿礫石的高原，點綴著玄武岩和斜坡，逐漸向東延伸到約伊邊界。這塊沙漠占今日約旦國土的四分之三。這塊沙漠向北伸入到敘利亞，向東伸入到伊拉克，向南延伸到沙烏地阿拉伯，裡頭住著以游牧為生的貝都因人 (Bedouins)。當本地的政府強大時，這些貝都因人就心懷恐懼，安分守己。一旦政府軟弱無力時，他們便糾眾群聚，四出襲掠高原上的農村，搶奪莊稼，在當地村鎮之間安營紮寨，就連西部的果

爾大裂谷和巴勒斯坦高原也未能倖免。在沙漠的西部，錫爾汗
(Sirhan) 谷地從北阿拉伯半島中央高原向北傾斜，終止於阿茲拉
克 (Azraq) 窪地，距安曼東南東方近六十公里。具有終年水塘的
阿茲拉克是這個沙漠地區唯一重要的綠洲。

　　1990 年，約旦王國的行政區劃依據外約旦的高原（包括西部
大裂谷的鄰近地區和東部的沙漠）的自然區劃，總共分為五個區。
北邊的伊爾比德區 (muhafaza of Irbid) 以薩瓦迪高地為中心。首都
(muhafaza of the capital) 安曼所轄區域包括分水嶺東邊沿著鄰近
沙漠的巴爾卡高地。薛勒特區 (muhafaza of Salt) 包括沿著果爾大
裂谷鄰近地區分水嶺以西的巴爾卡高地。卡拉克區 (muhafaza of
Karak) 從死海岸邊和阿拉伯谷地北邊流域開始，以比拉德·夏拉
特，北部開闊地帶為中心。在最南端，馬安區 (muhafaza of
Ma'an) 從阿拉伯谷地的南部流域開始，沿著馬安和鄰近的沙漠地
區包括比拉德·夏拉特南部乾旱貧瘠的地區和亞喀巴灣海岸。
2002 年，根據最新資料，約旦王國共分為十二個省：安曼省、伊
爾比德省、馬安省、札爾卡省、拜勒加省、馬夫拉克省、卡拉克
省、塔菲拉省、馬達巴省、賈拉什省、亞喀巴省、阿杰隆省。

　　從更廣闊的地理背景來看，這塊支離破碎的高原挨著北阿拉
伯半島和敘利亞沙漠，從南邊的亞喀巴灣到北邊的安那托利亞高
原，巴勒斯坦和外約旦山區構成這塊高原的最南端。從南到北，
這些高原被綿延千里的大裂谷分開，由兩岸平行的山脈和山峰組
成，緊挨地中海海岸的西邊，巴勒斯坦高原從北邊加利利山、黎
巴嫩山和阿拉維山向南展開。緊挨著沙漠的東邊，外約旦的高原

從北邊高山和北敘利亞的內陸山區向南展開。

　　然而向南，巴勒斯坦和外約旦高原向不同的方向延伸。第一支與埃及方向的西奈高地和亞喀巴灣西岸匯合。第二支像漢志山脈那樣延伸到西阿拉伯半島的亞喀巴灣的東岸和紅海，這使巴勒斯坦成為連接敘利亞和埃及的自然交匯點。從另一方向講，它使外約旦成為連接敘利亞和阿拉伯半島的自然交匯點。

　　對來自阿拉伯半島的阿拉伯旅行者，約旦的國土是「進入敘利亞的門檻」。對返回阿拉伯半島的旅行者而言，約旦又是「進入漢志的門檻」。橫穿約旦的駝隊商道從阿拉伯半島的各地開始，沿著各地天然形成的通路，直達敘利亞目的地。其中一條錫爾汗谷地商道，它經過阿茲拉克綠洲進入敘利亞。在更遠的西邊有一條商道沿著漢志山脈的褶皺山，經過馬安到敘利亞。也有另一條商道沿著漢志海岸，在抵達馬安之前穿過亞喀巴灣。兩條商道在此合而為一，稱為國王古道 (King's Highway)，沿著外約旦的山區，直到北方更遙遠的敘利亞地區。安曼城位於約旦河的支流札爾卡河的源頭，是所有敘利亞－阿拉伯半島商隊商道的天然交匯點，這造就安曼在古代的重要性。安曼的現代復興開始於 1908 年，那時，它成為由鄂圖曼土耳其人建築的新漢志鐵路的一個重要車站，這條鐵路連接敘利亞的大馬士革 (Damascus) 與漢志的聖城麥地那 (Medina)。

　　從古至今，約旦這個地方的重要性取決於交通要道所帶來的重要地位。自古以來，商人沿著國王古道，把印度洋各國的商品運到敘利亞，在此分裝打包，再運到地中海世界各地。在伊斯蘭

時代，這條同樣的交通要道獲得特殊的重要性，每年從不同方向
會聚大馬士革的穆斯林沿著這條「朝覲之道」❶去漢志的聖城。

　　從歷史上看，今日約旦不僅是阿拉伯半島和敘利亞之間的交
通要道，也是中東所有自然形成的交通要道交匯的地方。這裡的
居民可從死海的南邊和北邊輕而易舉地跨過大裂谷，因此外約旦
和巴勒斯坦一直聯繫緊密。連接敘利亞─阿拉伯半島路線，穿越
約旦，沿著巴勒斯坦高原，走過敘利亞海岸線，通到走向埃及的
西奈。大馬士革是來自東邊的伊拉克和伊朗，北邊的安那托利亞
的各條內陸交通線的天然交匯點，它是通向地中海海岸最容易的
天然通道，因此從大馬士革開始，穿越外約旦，有一條一直通向
埃及的大道。正因為如此，幾個世紀以來，屬於現今約旦國土的
地區一直具有重要的戰略地位。

第二節　聖火餘光──伊斯蘭傳入前的約旦文明

　　約旦的歷史肯定不及世界上五大文明古國那樣悠久，但約旦
在歷史上屬於巴勒斯坦，地處西亞的交通要衝，是連接非洲和亞
洲的橋樑，橫跨歐亞非三大洲的大帝國都曾經征服過它、控制過
它，為約旦留下烽煙不斷、金戈鐵馬的古代歷史。然而，約旦畢

---

❶　伊斯蘭教規定，凡是有條件的男女穆斯林一生中必須朝覲麥加「克爾
　　白」一次。朝覲的時間應是伊斯蘭教曆的 12 月 8-10 日。朝覲者的條
　　件是：成年人、身體健康、有足夠旅費而無債務者。

竟不是古代世界的政治、經濟和文化中心，相反地，它處於邊緣地區，重要性主要體現在交通和軍事上，古代文明的火焰只能把餘光照耀在這塊大地上。

約旦有據可查的古代史開始於西元前九世紀。1868 年，當地的貝都因人把已打成碎片的石碑賣給正在旅行的東方學家。重新拼湊的石碑還有殘缺，保存在今天巴黎的羅浮宮博物館。學者稱它為「毛卜特石碑」(the Moabite stone)，這個石碑上的長篇銘文談到卡哈 (Qarha) 的毛卜特國王——邁沙 (Mesha) 的軍事成就、城市建築和交通建設。卡哈可能是今天比拉德‧夏拉特的卡拉克地區札赫拉 (Jahra) 村。

在這個石碑紀錄豐功偉績的邁沙不是別人，正是《聖經》所描述毛卜特 (Moab) 的牧人之王邁沙，他的王國跨越穆吉卜峽谷，包括南邊比拉德‧夏拉特的鄰近地區和北方的巴爾卡。石碑上的銘文記載著他的牛、山羊、綿羊在通往北方的哈蘭 (Haranan) 草原上吃草，而哈蘭就是位於雅穆克河北方，今天敘利亞境內的赫蘭 (Hawran) 平原。

根據銘文判斷，邁沙國王和他的臣民講迦南語 (Canaanite)，這與《聖經》上的希伯來語 (Hebrew) 和腓尼基語區別不大。地名表明本地迦南語是早期敘利亞和阿拉伯半島西部絕大部分地區的主要的語言。在西元前六世紀之後，這些地區的迦南語逐漸為亞蘭語 (Aramaic) 所取代，而阿拉伯語進入本地的時間，則是西元後了，至於成為主流語言，則要等到伊斯蘭教征服期間。這三種語言——迦南語、亞蘭語和阿拉伯語都屬於閃語族 (Semitic)，它

也包括其他一些活的語言和死的語言，如古代的南阿拉伯語和古代衣索比亞語 (Ethiopic)。描述這些相關語言的名詞「閃」(Semite) 起源於挪亞 (Noah) 的兒子「閃」(Shem)，挪亞是《聖經》裡所描述的希伯來人、亞蘭人和阿拉伯人的共同祖先。

根據語言學家的推測，迦南語、亞蘭語和阿拉伯語原本是一種母語——有時稱為原始閃語——的方言變體。使用原始閃語的人，其最初居住地應在敘利亞－阿拉伯半島沙漠。其語言傳播與轉變，是隨著這些沙漠中的游牧民族，一次又一次向周邊操持不同語言的地區遷徙擴張的結果。他們在居住地依次建立了迦南語的主導地位，然後是亞蘭語的主導地位，最後是阿拉伯語的主導地位。這樣的描述把複雜過程簡單化，但它大致是正確的。

在該地區不同的語言階段之間，有一個從一個主流語言向下一個主流語言的過渡期。這可以從這一階段的銘文中得到證實。例如，居住在外約旦佩特拉 (Petra) 的奈伯特人 (Nabateans) 的銘文全是用亞蘭語寫的。

在該地區歷史上的亞蘭語階段，佩特拉的奈伯特王國建立在比拉德·夏拉特的南部。西元前四世紀晚期最早提到奈伯特人的古典文獻寫著，那時候的奈伯特人仍然是游牧部落。他們不建屋舍，鄙視農業，但熱衷沙漠戰爭，從跨越阿拉伯半島的商隊貿易獲取相當多的財富。他們最有可能是從鄰近沙漠來的游牧部落，他們利用波斯帝國對近東控制削弱之際，從西元前五世紀晚期開始，滲透並定居在死海東南方的高地。

沿著南方的漢志山脈，這些高原被希臘人稱為「多岩石的阿

拉伯半島」。根據銘文判斷，奈伯特人稱其首都為「雷克姆」(Reqem)，意為「各種各樣的色彩」，指狹小城市周圍的沙石峭壁上各式各樣的色彩。當奈伯特人最終定居下來時，他們經濟繁榮，以農業、手工業和傳統的游牧為基礎，同時繼續控制著跨越阿拉伯半島的商業，他們切割峭壁上的沙石，修建首都的主要公共建築。這些建築至今仍保存完整。

奈伯特王國的國土範圍時大時小。在南方，直達亞喀巴港（那時稱之為阿伊拉 Aela），最遠沿著紅海海岸伸入到漢志，在那裡奈伯特人仍保留另一個海港盧克·考姆（Leuke Kome，希臘語意為「白色的村子」）。第二個海港的準確位置至今未定。從阿伊拉和盧克·考姆來看，奈伯特人在紅海的貿易上與埃及的托勒密王朝 (Ptolemies) 展開強有力的競爭。在北方，大約在西元前 85 年，奈伯特的統治範圍已達今日敘利亞的布斯拉 (Bosra)，甚至大馬士革。奈伯特國王直到西元第一世紀的中葉仍任命這兒的總督，控制這裡的一切。

馬其頓亞歷山大大帝在向東征服波斯帝國後，建立了幅員遼闊的大帝國。亞歷山大英年早逝，死於西元前 323 年。他死後，其大將把他所征服的國土分為三個帝國，其中有兩個帝國與此地有特殊聯繫。一個是敘利亞的塞流息得 (Seleucid) 帝國，其首都是安條克 (Antioch)，另一個是埃及的托勒密帝國，其首都在亞歷山卓 (Alexandria)。近東兩個互相敵對的希臘帝國不斷進行拉鋸戰，奈伯特王國位於兩者之間，利用兩大帝國之間的霸權平衡求生存。直到西元前 169 年，奈伯特王國以獨立的外約旦王國面目

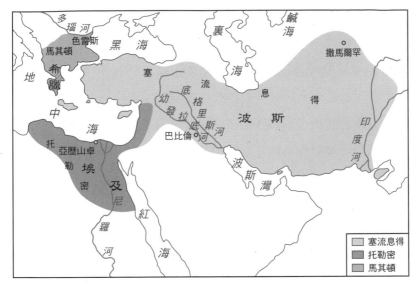

圖 2：亞歷山大死後之局勢圖

出現。敘利亞和埃及的希臘統治者對佩特拉的奈伯特人事務感興趣，因為他們都渴望控制跨越阿拉伯半島的商業財富。對於巴勒斯坦的猶太人而言，奈伯特人有時是朋友和同盟，有時是對手和敵人。不管怎麼說，他們都是近鄰。

　　西元前 63 年羅馬征服敘利亞，西元前 30 年羅馬接管埃及，奈伯特王國面臨的形勢依然如故。羅馬人同樣對控制商道財富的奈伯特王國很有興趣。與此同時，巴勒斯坦的希律 (Herod) 王國疆域越過約旦河，包括外約旦的巴爾卡高地、北方的薩瓦迪鄰近地區、南方的比拉德‧夏拉特，這個地區被希臘語稱為「皮里」(Perea)，意為「另一邊」，因為希律王國與佩特拉的奈伯特王國比鄰而居。

後來，奈伯特王國失去獨立，成為羅馬帝國的屬國。在末代國王執政期間，其首都從佩特拉遷到布斯拉。後來，西元106年，圖拉真皇帝 (Trajan) 取消了這個王國，將其領土歸併到羅馬帝國的阿拉伯行省，其首府仍是布斯拉。

在塞流息得帝國和托勒密帝國時期，外約旦完全希臘化，希臘語代替亞蘭語成為官方語言和高級社交語言。這大概是越來越多的希臘人移居本地的結果。外約旦及敘利亞各地希臘化的標誌反映在這個時代本地的建築上，這些建築把希臘基本的建築風格與本地的裝飾花紋融合在一起。敘利亞的希臘化特徵一直維持到羅馬帝國時代。

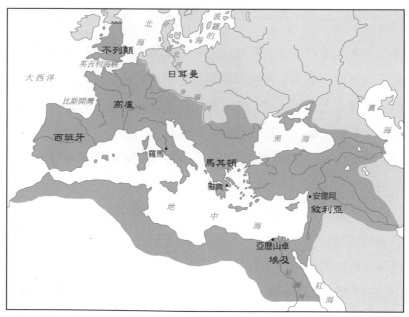

圖3：羅馬和平時期的疆域圖

　　當羅馬人到達本地時，他們首先給南敘利亞和外約旦的希臘城市所謂的「特許自由權」，即每一個城市在服從羅馬的敘利亞總督的同時享有相當多的自治權。這些自由城市組成一個「十城聯盟」(Decapolis)。「十城聯盟」並不表明是嚴格意義的十個城市。在外約旦加入「十城聯盟」的城市有薩瓦迪的嘎達拉（Gadara，即今日的烏姆‧克斯 (Umm Qays)）和蓋拉薩（Gerasa，即今日的賈拉什 (Jarash)），巴爾卡的費拉代爾費爾 （Philadelphia，指安曼）。安曼是古代閃語的名稱，因為托勒密二世（西元前 285–247 年）改為費拉代爾費爾，這個詞為希臘語，意為「兄弟情愛」，托勒密二世在進軍外約旦，征戰塞流息得帝國時占領並重建了這座城市。托勒密二世是埃及的第一位希臘統治者，他遵守埃及的皇室風俗，與自己的妹妹結婚。因為這亂倫的婚姻，人們給他起了綽號「兄弟情愛」，重建的城市因為他而命名為費拉代爾費爾（可譯為「哥哥的愛」）。

　　從社會習俗上講，希臘化和早期羅馬時的敘利亞（包括外約旦）是一個形成鮮明對比的地方。一方面，那兒有高度發達的城市，本地人之中上層階級經常與希臘殖民者保持聯繫，分享他們的嗜好，更喜歡講希臘語，用希臘語寫作；另一方面，有許多本地講亞蘭語的村莊，那裡生活如舊，古風猶存。在村鎮間住著貝都因人，他們的美好家園在沙漠中。他們用阿拉伯語或者亞蘭語與外界交流溝通，這些部落居民和講亞蘭語的村民與城裡的希臘殖民者做生意，他們也一定對希臘語略知一二。

　　到西元二世紀，羅馬人從埃及的大本營出發，完全控制紅海，

他們與印度洋沿岸各國的海上貿易沉重打擊了跨越阿拉伯半島的商隊貿易。阿拉伯半島隨之陷入了嚴重的經濟衰退，導致社會和政治動亂，也引發了一連串的移民浪潮，阿拉伯人從貧困不堪和動蕩不寧的地區向外遷出，向羅馬統治的敘利亞湧去，那兒生活的前景似乎充滿希望。

到西元四世紀，敘利亞的人口因為來自阿拉伯半島的移民而增加了很多，移民的大多數是貝都因人，羅馬人不得不加強沙漠邊緣城鎮的防衛，以阻止貝都因人入侵或者至少限制貝都因人的範圍。然而這一切未能阻止移民的浪潮，他們逐漸散居在固定居民區，在現存的村鎮裡安居落戶，或者建立新村鎮。

與此同時，在西元 330 年，羅馬帝國的君士坦丁大帝把首都從羅馬遷往拜占庭，拜占庭原是博斯普魯斯海峽上一座舊希臘城市，被重新命名為君士坦丁堡。同時，君士坦丁承認基督教是帝國合法宗教之一，羅馬歷史上的拜占庭時代開始了。後來，基督教成為羅馬帝國國教，其他宗教的信仰者受到迫害。西元 395年，羅馬帝國分為東西兩國，羅馬再次成為西羅馬帝國的首都。西元 476 年西羅馬帝國灰飛煙滅，只有東羅馬帝國——基本上希臘人的拜占庭帝國依然存在。

現代約旦國土的歷史上，拜占庭時代是最興旺發達的時期之一。除了廣袤的沙漠之外，舉國上下城鎮星羅棋布，人口稠密，繁榮昌盛。拜占庭帝國歷代皇帝鼓勵全國各地建造基督教堂。教堂的遺址在整個外約旦屢有發現，附帶有精美的馬賽克地板，甚至在今天完全是沙漠的地方也有發現。顯而易見，那時水源遠比

圖4：精美的馬賽克地板　左圖發現於聖喬志的東正教教堂中，是現存最古老的聖地地圖；右圖則是尼布山上的拼嵌圖形，相傳尼布山是摩西墳塚所在地。兩者均成於拜占庭帝國統治該地時。

後來豐富。

　　由於沙漠與定居點近在咫尺，沙漠隨時都有可能影響到定居點。在這段時間這片沙漠中，一系列阿拉伯部落王國興盛衰落。一些是拜占庭帝國的屬國，一些臣服於波斯的薩桑王朝 （229–651 年）。這些阿拉伯沙漠王國疆域時大時小，邊界搖擺不定。

　　到查士丁尼 (Justinian) 大帝執政時（527–565 年），到外約旦和敘利亞各地定居的阿拉伯部落不計其數。其中在外約旦和大馬士革南部和東南部的阿拉伯人承認了吉夫那 (Jifna) 家族的統治，吉夫那家族是源於葉門信仰基督教的阿拉伯加薩尼 (Ghassan) 部落的酋長。查士丁尼大帝承認加薩尼酋長的國王頭銜，因為後者是他的忠實臣民，加薩尼部落王國在敘利亞一直存在到伊斯蘭征服時期。最後一位加薩尼國王，與穆斯林征服者交惡，退隱到君士坦丁堡。

第三節　新月高懸——約旦伊斯蘭化的過程

西元 610 年希拉克略（Heraclius，死於 641 年）皇帝在君士坦丁堡即位，他下決心與薩桑王朝血戰到底。同一年先知穆罕默德（Muhammad，570?–632 年）開始在麥加 (Mecca) 傳播伊斯蘭教。在 613–628 年拜占庭－波斯戰爭的過程中，波斯軍隊跨越敘利亞，直達埃及，但最終被擊敗，被迫後撤。隨即拜占庭在敘利亞重建了脆弱的統治。

622 年，先知穆罕默德離開麥加，出走麥地那，在那兒建立伊斯蘭神權國家烏瑪 (The Umma)。這個事件在阿拉伯語中被稱為「聖遷」(hijra)，這一天後來成為穆斯林年曆的元旦，穆斯林時代的開始。來自阿拉伯半島各地、敘利亞和伊拉克的阿拉伯部落代表團到達麥地那，宣布接受伊斯蘭教，向先知表明宗教和政治忠誠。在這些代表團之中，有一支阿拉伯人來自外約旦的比拉德·夏拉特的山區。拜占庭人在贏得對波斯人的勝利之後，加強木塔城（Muta，摩耳臺）的防衛，在那兒，拜占庭的軍事重鎮嚴密監視附近沙漠上游牧部落的活動。

西元 629 年約旦河流域的阿拉伯部落嚮往麥地那的伊斯蘭神權國家。已成穆斯林的阿拉伯部落向木塔連續發動了兩次攻擊。在先知歸真後二年，即西元 634 年，穆斯林大軍開始征服邊緣的軍事重鎮，兵鋒直指敘利亞。有「真主寶劍」之稱的哈立德·伊本·韋立德率領穆斯林大軍於 635 年攻克大馬士革，迅速跨過外

圖5：穆罕默德與天使加百利

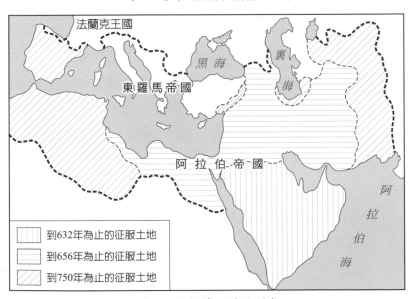

圖6：伊斯蘭世界的形成

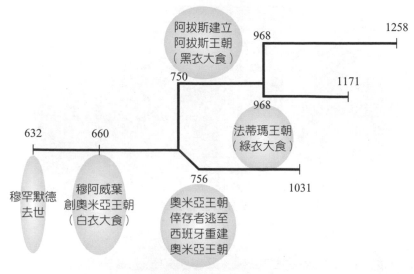

圖 7：伊斯蘭教的分裂

約旦高原，西元 636 年決定性的戰鬥在今日約旦與敘利亞的界河——雅穆克河河岸展開，拜占庭軍隊大敗。在其後三年內，敘利亞全部落入阿拉伯穆斯林手中，西元 641 年最後殘留的拜占庭軍隊被迫翻過圖倫斯山，退入安那托利亞，同時，穆斯林完成對埃及的征服。而在向東擴展方面，西元 638 年，先是攻奪了薩桑王朝底下的伊拉克，緊接著征服了波斯。西元 651 年時，穆斯林阿拉伯人已是幅員遼闊的大帝國主人，這個帝國東達印度邊界和中亞，西越撒哈拉沙漠，並持續向東西兩個方向擴張。

　　在這個新伊斯蘭帝國的頂端站著哈里發，他是烏瑪的政治領袖，先知的繼承人。先是三位正統哈里發：艾布‧貝克（632–634 年），約曼爾（634–644 年）、奧斯曼（644–656 年），最後是

先知的堂弟和女婿阿里（656–661 年），前三位哈里發仍以麥地那為首都，最後一位哈里發阿里在伊拉克的庫法建都。阿里的繼位因奧斯曼之死蒙上陰影，也給了其對手——來自麥加的奧米亞家族，時任敘利亞總督的穆阿威葉，一個起兵反對的好藉口。

阿里和穆阿威葉之間的爭端引發 659 年的公斷，但公斷並未下結論，西元 661 年阿里被一位信徒所刺殺。隨即穆阿威葉在大馬士革建立奧米亞王朝，自稱哈里發。750 年，奧米亞王朝被阿拔斯王朝取代。阿拔斯王朝遷都於伊拉克——先在庫法，後在新城巴格達。巴格達建立在底格里斯河兩岸，規模宏大，在薩桑王朝的舊都泰西封之北。

在被阿拉伯征服之後，敘利亞從南到北分為四（後來是五）個行政區，叫 "jund"，可譯為行省。相當於現今約旦的國土，當時分成為兩個行政區。薩瓦迪高地、分水嶺以西的巴爾卡高地，同屬於約旦行省。這個省向西延伸，穿過附近的果爾和加利利山區，直達地中海海岸。約旦行省的行政中心是太巴列城。分水嶺以東的巴爾卡地區 （指安曼地區），沿著比拉德‧夏拉特一直向南，延伸到亞喀巴灣，構成大馬士革行省的一部分。從九世紀後期開始，比拉德‧夏拉特在理論上仍是大馬士革行省的一部分，然而在事實上歸附於巴勒斯坦行省， 其行政中心在藍馬拉城 (Ramallah)。

伊斯蘭征服並未導致在敘利亞講亞蘭語－阿拉伯語的人之中存在的基督教徒被消滅。事實上，有歷史學家估計直到十字軍東征（1096–1291 年）結束之後，敘利亞和埃及的基督徒仍未減少。

不過自那以後，隨著歲月流逝，敘利亞的基督徒人數才越來越少，但變化的過程是漸進的。在二十世紀前半葉，外約旦高原的基督徒仍占總人口的 15%，包括城鎮居民和農村居民，貝都因人和半貝都因人。據估計現在他們僅占總人口的 5%，主要是因為越來越多的人遷出約旦。至少到西元九世紀，外約旦的基督教城鎮保留或多或少的自治權，每一個城市都有自己的執政官。當地基督徒看來也與君士坦丁堡拜占庭教會保持著直接聯繫。

　　大概到九世紀末，外約旦在奧米亞王朝和阿拔斯王朝統治下初步繁榮興旺。從阿拉伯穆斯林征服時代開始，紅海和地中海的海上貿易陷於停滯，不同伊斯蘭國家之間陸上通道的重要性凸顯，不僅僅是為商貿之便，也是為了軍隊調動，遊客旅行。四面八方的交通要道都在今日的約旦國土形成中心交匯點。為阿里和穆阿威葉之間有關哈里發繼承權問題而舉行的公斷之地點選擇在約旦的艾茲魯哈 (Udhruh)，此地位於從馬安到比拉德‧夏拉特的交通要道旁。在阿拔斯人圖謀推翻奧米亞王朝的時候，他們所選擇的大本營和宣傳基地是位於亞喀巴之北，靠近馬安至艾茲魯哈交通要道旁的侯邁麥村 (Humayma)。這裡與大馬士革的距離，可以保證本村安全隱蔽萬無一失，阿拔斯在此招待伊斯蘭東方和埃及之間來來往往的在政治上有影響的遊客，向他們遊說，以尋求他們對自己的支持。同時，在侯邁麥村，他們也能不時攔截大馬士革和埃及之間騎馬送情報的郵差。今天的艾茲魯哈只是一個小村莊，侯邁麥村則比微小的貝都因營地還小，但在奧米亞王朝和阿拔斯王朝的早期，它們可是舉足輕重的城鎮。

　　西元八世紀中葉外約旦繁榮興旺，歷史遺址至今猶存，在約旦河谷和開闊的沙漠之間的不同地方都發現了奧米亞王朝的宮殿廢墟。根據所處位置判斷，一些宮殿應作為行政辦公之用，另一些則是狩獵和遊樂的行宮。

　　然而到九世紀中葉，紅海和地中海的海上貿易開始復興，穿越外約旦的陸上貿易受到影響。這給埃及帶來繁榮，讓埃及地位變得重要，因為埃及在紅海和地中海都有良港。阿拔斯王朝後期埃及相繼建立兩個半獨立的王朝：圖倫王朝（Tulunid Dynasty，868–905 年）和伊赫什德王朝（Ighshid Dynasty，935–969 年）。這兩個王朝都由阿拔斯軍隊中的突厥軍官建立，他們效忠巴格達的哈里發，哈里發容許兩個王朝把敘利亞的南部──包括現代約旦的國土──置於自己的控制之下。圖倫王朝出於現實需要把比拉德・夏拉特從大馬士革行省分出，置於巴勒斯坦行省管轄之下。

　　伊赫什德王朝除了控制敘利亞之外，還控制漢志。西元 964 年該王朝任命麥加的第一任埃米爾（amir，總督）監管聖地，這位埃米爾被稱為謝里夫 (Sharif)❷，即先知的後代。約旦哈希姆王國創立者的父親──漢志的胡笙國王歷史上是根據伊斯蘭制度任命的最後一任謝里夫，這一制度發端於埃及的伊赫什德王朝。

　　當印度洋與地中海之間的海上貿易繼續繁榮的時候，陸上貿

---

❷　「謝里夫」意為「貴族」，原指阿里長子哈桑的後代，後來演變成為一種尊稱，這裡稱為謝里夫王朝，是因為哈桑的後代一直是麥加的埃米爾，一直實行世襲制度，相當於半獨立的一個地方小王朝。

易開始衰落，外約旦喪失了伊斯蘭世界的中心地位，經濟凋敝，貧困不堪。昔日繁榮昌盛的城鎮縮小為村子，或者消失，成為沙漠遺址。朝覲之路成為每年收入的唯一來源，它補充衰弱的農業和畜牧經濟。貝都因部落從鄰近的沙漠一波接著一波深入約旦高原，恐嚇農民，最後定居在他們之中。新一波貝都因部落的浪潮湧來時，早已喪失原來沙漠活力的早來的貝都因人，出於同樣的原因，與本地農民一道抵抗入侵者。這一切周而復始、循環往復，使當地農民的社會習俗貝都因化。

外約旦的貝都因化大概開始於九世紀末和十世紀初，伴隨著卡爾馬特 (Qaramita) 運動而展開——卡爾馬特派是異端的伊斯蘭宗派，反對所有現存政府的統治。這個運動源於伊拉克南部的農民和貝都因人，他們以阿拉伯半島東部為大本營，建立了一個富有戰鬥力的反叛者國家，該國亡於 1071 年。卡爾馬特人四下出擊，擴張到阿拉伯半島和敘利亞。北阿拉伯半島一支阿拉伯部落利用這種混亂形勢，進逼外約旦，衝擊巴勒斯坦，在昔日巴勒斯坦行省的行政中心藍馬拉建立一個部落國家。該國札拉赫家族 (Jarrah) 的酋長直到十一世紀的後幾十年仍掌握著部落大權。

977 年之後，藍馬拉的札拉赫酋長國成為法蒂瑪 (Fatimides) 哈里發的屬國，法蒂瑪王朝於 909 年在突尼斯立國，西元 969 年從伊赫什德王朝手中奪取埃及，西元 973 年在開羅建立了新的首都。法蒂瑪王朝從埃及向北擴展他們的帝國，攻占巴勒斯坦和外約旦，囊括敘利亞的大部分地區。法蒂瑪王朝在敘利亞統治延續到 1070 年。

　　與此同時，巴格達軟弱無能的哈里發在 1058 年把他的世俗權力交給塞爾柱蘇丹 (Seljuk sultan)❸，與後者同享伊斯蘭權力。塞爾柱人來自中亞突厥部落，他們橫掃波斯，從 1044 年至 1157 年一直以波斯的伊斯法罕 (Isfahan) 為都。1070 年，塞爾柱人允許突厥強盜從北伊拉克進攻敘利亞。這結束了法蒂瑪王朝對敘利亞的統治，為塞爾柱人正式征服劈山開路，塞爾柱人最終在 1086 年征服了敘利亞。當塞爾柱人逼進埃及時，法蒂瑪人積極應戰，在 1089 年重占巴勒斯坦海岸。

　　塞爾柱帝國在敘利亞的第一位總督是圖圖什 (Tutush)，此人為執政於伊斯法罕的塞爾柱蘇丹的兄弟，他的首府在阿勒坡 (Aleppo)。他死後，江山分給兩個兒子：立萬 (Ridwan) 定都於阿勒坡，杜卡 (Duqaq) 稱雄於大馬士革。外約旦是杜卡大馬士革王國的一部分。然而大馬士革王國的實際統治者不是杜卡本人，而是他的監護人，攝政王突格特勤 (Tughtekin)。這位攝政王的後代繼續統治大馬士革和其管轄的領土，直到 1154 年。

　　就在立萬和杜卡為敘利亞的統治權爭吵不息的時候，第一支十字軍在 1098 年攻取安條克，繼續揮師南進，1099 年奪取耶路撒冷 (Jerusalem)。在十二世紀的前幾十年，由法蘭克人組成的十字軍沿著敘利亞至安那托利亞的海岸，征服了整個巴勒斯坦，組

---

❸　「哈里發」意為「先知的繼承者」，在阿拉伯帝國初期，哈里發是政教合一的領袖和首腦。「蘇丹」意為「權威」是哈里發賞賜給突厥軍事首領的封號，蘇丹後來掌握了國家的實權，哈里發便成了有名無實的宗教領袖。

成耶路撒冷的拉丁王國。該王國範圍最大時包括今日黎巴嫩海岸地區，最北到貝魯特 (Beirut)，也包括外約旦的比拉德‧夏拉特山區。拉丁王國分為十六塊封地，其中一塊封地叫比拉德‧夏拉特，其官方名稱為外約旦領地。

外約旦比拉德‧夏拉特之北——巴爾卡和薩瓦迪——仍屬於大馬士革的突厥人管轄（敘利亞塞爾柱王朝 1094–1117 年統治）。新的突厥張紀王朝 (Zengids) 興起於阿勒坡， 1154 年從布里德突厥人（Burids，突格特勤所創立的王朝）手中奪取大馬士革，以它作為張紀王朝的首都。外約旦的巴爾卡和薩瓦迪屬於張紀王朝疆域。1171 年，大馬士革張紀王朝派庫德族 (Kurd) 的軍官薩拉丁 (Saladin) 推翻了開羅法蒂瑪王朝，創建阿尤卜王朝 (Ayyubid)，但在名義上張紀王朝是他的頂頭上司。薩拉丁以埃及為根據地，將控制區擴大到漢志和葉門， 1173 年他任命王族成員作為當地總督。翌年，薩拉丁的頂頭上司——張紀王朝的君王歸天，他便離開埃及，先奪大馬士革，再取阿勒坡，隨後，他本人成為當時伊斯蘭的最高統治者——蘇丹。薩拉丁在屬於自己疆域的外約旦國土修建眾多要塞，其中一座要塞保存至今，靠近阿杰隆城。薩拉丁及其繼任者重修了在比拉德‧夏拉特的卡拉克和肖巴克 (Shawbak) 昔日十字軍的城堡，以此為軍事要塞，抵抗法蘭克人。

1187 年，薩拉丁穿過外約旦的阿杰隆附近的薩瓦迪高地，在太巴列湖附近的哈亭 (Hattin) 戰役中，擊敗法蘭克人。隨後，耶路撒冷拉丁王國幾乎所有的軍事要塞紛紛落入他手中。這意味著法蘭克人在比拉德‧夏拉特的統治結束。不久，第三次十字軍征

服了雅法 (Jaffa) 和貝魯特之間的海岸，但巴勒斯坦的內地，包括耶路撒冷仍在薩拉丁手中。

　　1193 年薩拉丁死後，他的兒子及家人爭權奪利，帝國四分五裂。他的兄弟薩法丁 (Saphadin) 脫穎而出，勢壓群雄，他仍以開羅為都，成為舉世公認的阿尤卜王朝的蘇丹。薩法丁的後代雄踞開羅，世襲蘇丹王位，執掌伊斯蘭最高權力到 1250 年。與哈希姆約旦王國歷史有關的乃是阿代爾 (Adel) 在位期間一個特殊而間接的事件。當他在 1200 年任命麥加新的埃米爾時，以謝里夫克塔達‧伊本‧伊德里斯 (Qitada Ibn Idris) 取代聖城前謝里夫王朝的最後一位埃米爾。從那以後，麥加埃米爾的職位一直保留在克塔達的後代手中，麥加最後一位埃米爾是胡笙，他是現代約旦王國創立者的父親。

　　當阿代爾及其後代在開羅世襲蘇丹王位時，阿尤卜家族的其他成員在敘利亞和約旦各地建立大小不等的封建小國。這些本地阿尤卜家族的統治者不叫蘇丹，而叫馬立克 (Malik)，意為本地王公。阿尤卜王朝的末代蘇丹死於 1250 年，蘇丹王位由大馬士革阿尤卜家族的馬立克繼承。然而在 1258 年，蒙古人征服伊拉克，攻陷巴格達，接著征服敘利亞，消滅那裡阿尤卜家族的封建小國。

　　開羅阿尤卜王朝為馬木魯克王朝 (Mamluk) 所取代，馬木魯克意為阿尤卜王朝軍隊中的突厥奴隸，他們曾經是蘇丹手下最精銳的軍隊。馬木魯克拒絕擁戴大馬士革阿尤卜家族的統治者為新蘇丹，雙方爭鬥不息，直到大馬士革落入蒙古人之手，方才偃旗息鼓。1260 年，馬木魯克人挺進敘利亞，在太巴列湖附近的賈魯

圖 8：卡拉克城堡

圖 9：阿杰隆城堡鳥瞰圖

特 (Jalut) 擊敗蒙古人，隨後在敘利亞各地恢復統治。接著，他們征戰法蘭克人，1291 年在敘利亞海岸徹底結束了十字軍的統治。

現代約旦的國土在十字軍東征期間，是大馬士革穆斯林統治者抵禦耶路撒冷拉丁國王的軍事前線。馬木魯克人征服敘利亞以後，將敘利亞全境分為六個行省。最大的是大馬士革行省，該行省面積龐大，難於用一個行政單位管理，於是一分為四，稱為縣 (safaqa)。其中南部縣的行政中心是今天敘利亞的德拉城 (Deraa)，該縣跨越現代約旦邊界，包括外約旦的北部高原及果爾附近地區。穆吉卜谷地南部和比拉德‧夏拉特山區單獨組成一個偏遠的行省——卡拉克行省。馬木魯克王朝失勢的蘇丹和失寵的軍官主要被流放到這裡，原來十字軍所建的卡拉克大城堡成為監獄，許多囚犯在此苦熬漫漫長夜。

到十五世紀，當馬木魯克對敘利亞的控制力量衰弱時，薩瓦迪高地的阿杰隆區成為一個部落酋長國的中心，酋長為赫札維家族 (Ghzawis)。到十五世紀末，赫札維酋長國固守外約旦，向西擴張，包括耶路撒冷和希伯倫 (Hebron) 周圍的農村地區。

1516 年鄂圖曼土耳其人從馬木魯克王朝手中奪取敘利亞，阿杰隆地區成為大馬士革行省下屬的桑賈克 (sanjak，州，維拉耶特 (vilayet) 行省下的行政區域)，當地赫札維酋長為桑賈克貝伊 (bey)——州的軍政長官。這期間，阿杰隆赫札維家族的埃米爾斷斷續續被任命為朝覲總督，這是一個地位重要、發財致富的職位，它為從大馬士革到麥加去的朝覲者提供軍事保護。在鄂圖曼帝國的前二百年間，來自敘利亞和阿拉伯半島沙漠的貝都因部落進入

外約旦。從十七世紀中葉起，鄂圖曼人加強了對敘利亞的控制。
在這過程中，赫札維家族對阿杰隆州的控制權逐漸終結。

烈火中永生：阿拉伯民族大起義

第一節　大廈將傾——鄂圖曼帝國風雨飄搖

　　十九世紀中葉以前，鄂圖曼帝國已難於維持在阿拉伯世界的長期統治。鄂圖曼人經常派出軍隊，東征西討，鎮壓當地叛亂，對煽風點火的部落加強管制。鄂圖曼帝國的制度安排雜亂無章，東拼西湊，阿拉伯各行省管理混亂，號令不一。在外約旦地區，鄂圖曼人的統治弱不禁風，甚至無影無蹤。

　　在十九世紀中葉，鄂圖曼政府對帝國的行政管理進行系統化、正規化改革。但埃及帕夏 (pasha) 穆罕默德・阿里 (Muhammad Ali) 舉兵反叛，使這項改革在阿拉伯世界陷入停頓。1805 年穆罕默德・阿里在開羅掌權，在理論上，他是伊斯坦堡任命的埃及行省一個普通的總督。不過他的勢力很快壯大，羽毛豐滿，開始與鄂圖曼蘇丹分庭抗禮，而他也小心翼翼地維護與蘇丹的合作關係。十八世紀中葉阿拉伯瓦哈比派 (Wahhabi) 清教運動 ❶ 悄然崛起，

圖 10：諸國的勝利　1827 年，英、法、俄聯手阻止土耳其對希臘的增
兵，大敗土耳其和埃及的聯合艦隊，此為鄂圖曼土耳其帝國逐漸衰亡
的開始，至二十世紀初期，帝國在歐洲的領土僅剩伊斯坦堡一帶。

挑戰鄂圖曼統治，繼而威脅伊拉克、敘利亞和漢志，蘇丹無能為
力，束手無策。他因此要求穆罕默德・阿里代他征服阿拉伯半島，
鏟除瓦哈比派的巢穴，這次戰役從 1811 延續到 1818 年。後來，
這位蘇丹再一次要穆罕默德幫忙，這一次是鎮壓摩拉亞（Morea，
伯羅奔尼撒半島古稱）希臘人的叛亂。就在埃及帕夏的干預快要

---

❶　瓦哈比派因其創始人為穆罕默德・伊本・阿布都拉・瓦哈比而得名，
　　瓦哈比生於 1703 年，他主張清除包括對先知、聖陵和聖地等在內一切
　　物的崇拜，恪守先知和《古蘭經》的規定，禁止信徒穿著綢緞、佩帶
　　裝飾、吸煙、喝酒、歌舞、賭博、欣賞音樂。瓦哈比派因此被稱「沙
　　漠清教徒」。

大獲成功的時候，1827 年歐洲列強站在希臘一邊，傾其全力加以干涉，埃及帕夏功敗垂成。鄂圖曼人失去了摩拉亞，一個獨立的希臘王國在自己的國土上誕生。

　　埃及干涉希臘失敗之後，穆罕默德・阿里轉而與蘇丹爭鬥，他在 1832 年占領敘利亞，然而曾幫助希臘獲取獨立與鄂圖曼帝國為敵的歐洲列強，此時卻轉而幫助鄂圖曼蘇丹鎮壓反叛的埃及。因此 1841 年埃及被迫放棄敘利亞，鄂圖曼又在此地恢復了統治。

　　鄂圖曼人奪回敘利亞後，下定決心，整肅綱紀。在此之前，1839 年 11 月 3 日，蘇丹阿布都・麥吉特舉行了莊嚴典禮，將所有達官顯貴、伊斯坦堡市民，非伊斯蘭民族代表和外國使節召集於皇宮玫瑰花園，由外交大臣雷希德宣讀詔書，詔書所預定的改革叫做「旦齊馬特」（Tanzimat），意為卓越高尚的改革。1864–1888 年兩次頒布《行省法》，重建了敘利亞各行省的管理制度。1876 年改革達到高潮，同年，頒布了《帝國憲法》，選出了第一屆議會。兩年之後，蘇丹阿布都・哈密德二世（Abdül Hamit II，1876–1909 年任土耳其蘇丹）擱置《憲法》，解散議會，開始專制獨裁統治。

　　儘管阿布都・哈密德二世竭盡全力維護江山一統，然而在他執政時卻失去了一些重要行省。這其中包括 1882 年被英國占領的埃及。從名義上講，穆罕默德・阿里的後代世襲埃及帕夏，接受了榮譽稱號「赫迪夫」（khedive，波斯語，意為「君主」、「統治者」、「領主」），1914 年以前一直是蘇丹封臣，然而實際上 1882 年後的埃及是英國的保護國。

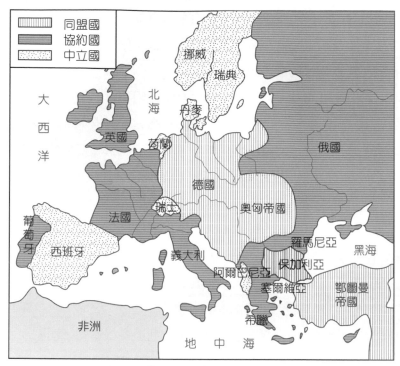

圖 11：第一次世界大戰歐洲局勢圖

　　在哈密德專制統治的三十年間，改革的政治理想依然存在於伊斯坦堡，一群知識分子、在歐洲受過教育的官員和被稱為「聯合進步黨」的軍官渴望改革時弊。那時民族主義思想開始在鄂圖曼帝國傳播，土耳其民族主義者強調鄂圖曼帝國在具有伊斯蘭帝國屬性的同時，其基本屬性是土耳其民族。為了符合改革精神，聯合進步黨堅信中央集權化的政治原則，堅信帝國必須土耳其化，於是秘密組建「聯合與進步委員會」(The Committee of Union and Progress)。

　　1908 年「聯合與進步委員會」在伊斯坦堡發動軍人革命，結束了哈密德的專制統治，恢復了 1876 年憲法。然而五年內他們的統治就演變成軍事獨裁制，民主制度象徵的議會僅成為一塊遮羞布，文職政客腐敗無能，軍事慘敗接踵而至，1911–1912 年戰爭敗於義大利，喪失利比亞，軍官大罵文官無能，後來更直接取而代之最終掌握政權。1913 年這些軍官成為帝國的實際統治者，他們接受過德國軍事訓練，自然親德。作為掌權的新貴，他們缺乏前任的政治魄力，一般傾向於用暴力說話。1914 年，第一次世界大戰在同盟國和協約國之間爆發，聯合進步黨站在同盟國一邊，把鄂圖曼帝國拖入戰爭。1918 年同盟國失敗，鄂圖曼帝國注定死路一條。

　　同時從 1908 年起，聯合進步黨堅定不移追求中央集權化和土耳其化，這開始激起阿拉伯各國憤怒聲討，世俗的阿拉伯民族主義開始生根開花，在貝魯特尤其如此。聯合進步黨掌權後，越來越多的阿拉伯穆斯林心向阿拉伯民族主義思想。一些人不過要求在鄂圖曼帝國範圍內實現阿拉伯各國自治，即要求地方分權，但其他人渴望阿拉伯完全獨立。持此主張的秘密的阿拉伯民族主義社團是大馬士革的「青年阿拉伯社」。其姊妹組織是秘密的社團「盟約黨」(The Covenant)，由鄂圖曼軍中阿拉伯民族主義軍官所建，大部分來自伊拉克。1913 年阿拉伯代表大會在巴黎召開，與會代表就阿拉伯民族的未來各抒己見，他們首次在世界面前表達心聲。

　　占領埃及的英國一開始就與秘密的阿拉伯民族主義組織保持

聯繫。這讓青年阿拉伯社的領袖相信在關鍵時刻，英國會支持建立一個獨立的阿拉伯大國，因此阿拉伯民族主義者時時準備在政治上與英國合作。第一次世界大戰爆發後，英國在開羅建立中東局，加緊與敘利亞阿拉伯民族主義者聯繫。英國人也接近麥加的埃米爾謝里夫胡笙，鼓勵他發動阿拉伯大起義，特別是當鄂圖曼帝國站在德國那一邊加入戰局時揭竿而起。因此 1916 年 6 月阿拉伯大起義爆發，英國承認其領導人謝里夫胡笙為漢志國王。

一年內，阿拉伯起義軍在胡笙國王的第三子費沙爾的領導下，開進敘利亞。英軍從埃及出征，穿過巴勒斯坦，在外約旦與他們會合。1918 年 10 月 1 日，費沙爾在英軍的支持下進入大馬士革，代表其父建立阿拉伯政府。不久之後，最後一支鄂圖曼軍隊退出敘利亞。

此刻，團結在大馬士革費沙爾周圍的阿拉伯民族主義者確信，他們的理想要最終實現了。然而英國卻在戰爭中暗動手腳，1916 年 3 月英國派出東方問題專家塞克斯 (Sykes)，法國派出前貝魯特總領事皮可 (Picot) 達成惡名昭彰的〈塞克斯－皮可協定〉，英國承認法國在敘利亞和北伊拉克的政治利益。1917 年 11 月 2 日，英國外交大臣巴爾福 (Balfour) 給英國猶太復國主義聯盟副主席、猶太人大財閥羅斯柴爾德 (Rothschild) 寫信，宣布：「英王陛下政府贊成在巴勒斯坦建立一個猶太人的民族之家，並將盡最大努力促其實現。但必須明白理解的是，絕不應使巴勒斯坦現有非猶太社團的公民權利和宗教權利，或其他任何國家內的猶太人所享有的權利和政治地位受到迫害。」這封信後來被稱為〈巴爾福

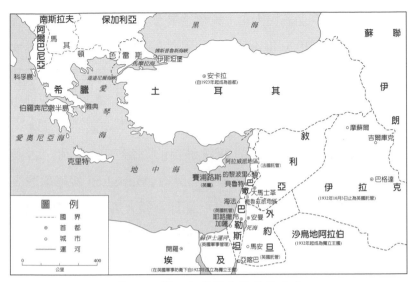

圖 12：第一次世界大戰後的中東

宣言〉。

　　費沙爾進入大馬士革不久，法軍在貝魯特登陸，新成立的阿拉伯政府無法接管貝魯特及周邊的黎巴嫩領土。戰後的和平談判中法國堅持它對敘利亞的權利應得到承認。1919 年戰勝國和戰敗國簽訂〈凡爾賽和約〉，規定建立一個國際組織「國際聯盟」（簡稱「國聯」），同意德國的殖民地、以前屬於鄂圖曼帝國的阿拉伯土地必須交給國聯接管，由國聯委託給歐洲列強託管。敘利亞和伊拉克的阿拉伯土地應歸為 A 類託管地，因為它們相當發達，可以準備獨立建國。德國在非洲和世界其他地方的殖民地則歸為 B 類託管地，這二者區別很大。

　　為了遏止法國對敘利亞的圖謀，1920 年 3 月大馬士革的阿拉

伯政府召集敘利亞國民大會，大會選舉費沙爾為敘利亞國王，宣布敘利亞獨立。1920 年 4 月，協約國最高理事會在義大利里維埃拉的聖萊姆召開會議，正式將雅穆克河以北的敘利亞各地，以及法軍占領的黎巴嫩劃為法國的託管地。英軍已占領了巴勒斯坦和伊拉克，自然將這兩塊地方及外約旦高原劃為英國的託管地。1920 年 7 月法國新任命的駐貝魯特的高級專員亨利‧古饒 (Henry Gouraud) 將軍指揮法軍在馬薩倫 (Maysalun) 關隘擊敗人數較少，倉卒集結的阿拉伯戰士，隨即占領大馬士革，費沙爾國王被迫棄國逃亡，先從大馬士革逃到敘利亞的邊境小鎮德拉，再逃到巴勒斯坦的海法 (Haifa)，最後逃往英國。

第二節　強弩之末──鄂圖曼帝國在外約旦的統治

然而到 1800 年前後，鄂圖曼帝國江河日下，無力保全萬里江山。這種衰弱在敘利亞全境，特別是在外約旦引人注目。與此同時，來自阿拉伯半島中部阿奈札部落的貝都因人，向北逼進，北阿拉伯半島沙漠的其他部落被迫向外約旦湧來。這些貝都因部落殺人越貨，目無法紀，外約旦一片混亂。1832–1841 年間混亂得到暫時扼制，其時埃及帕夏穆罕默德‧阿里的軍隊從鄂圖曼帝國的手中奪取了敘利亞，穆罕默德‧阿里命令兒子伊布拉欣 (Ibrahim) 對敘利亞嚴加控制。然而埃及對敘利亞的占領好景不常。歐洲列強站在鄂圖曼蘇丹一邊，橫加干涉，共同反對埃及帕夏，敘利亞得而復失，重歸舊主，外約旦地區的混亂故態復萌，

且變本加厲，愈演愈烈。1864 年，鄂圖曼帝國重建了大馬士革行省的行政機構，力圖恢復外約旦的法律和秩序，卻激起各地部落的不斷反叛。

為了安撫亂民，鄂圖曼人放心大膽依靠的主要力量是住在安曼裡外的索卡遜 (Circassian) 穆斯林農民。在十九世紀最後幾十年裡，由於俄羅斯人強占他們的土地，並且迫害他們。1878 年，他們開始以難民的身分到達外約旦。1909 年後，在鄂圖曼政府的鼓勵下，他們披堅執銳，保家衛國，成為蘇丹的忠實臣民。

1914 年，第一次世界大戰爆發。兩年後，謝里夫胡笙在麥加宣布阿拉伯大起義開始，起義矛頭直指鄂圖曼。之後，他自稱阿拉伯國王。胡笙的軍隊由小兒子費沙爾領導，進軍外約旦，直抵敘利亞，鄂圖曼的統治土崩瓦解。胡笙的二兒子阿布都拉在阿拉伯大起義後占領極端貧窮落後的外約旦。

在鄂圖曼統治的最後幾十年，外約旦從北到南劃分為三個行政區域：阿杰隆州、巴爾卡縣（卡扎 (kaza)）和卡拉克特區（穆塔薩里菲亞 (Mutasarrifiyya)）。卡拉克特區以比拉德‧夏拉特為中心，南至亞喀巴灣最窄處。1841 年埃及占領敘利亞以後，這個具有戰略意義的港口就一直掌握在穆罕默德‧阿里手中，成為埃及西奈半島領土的一部分，與亞喀巴灣西岸接界。然而在 1892 年這個海港劃給了鄂圖曼帝國，屬於漢志行省麥地那州的一部分。亞喀巴灣北部及沙漠中的馬安城地跨卡拉克特區和漢志行省的麥地那州兩個行政區。

在十九世紀後半葉的鄂圖曼帝國的行政制度中，縣是州的分

區機構，州是行省的下屬區劃，行省是鄂圖曼帝國的最大的地方行政單位。1861 年，歐洲列強迫使鄂圖曼帝國為基督徒占統治地位的黎巴嫩山區提供特殊地位❷，這個地方原來劃分在西頓行省 (Sidon) 和的黎波里行省 (Tripoli) 之間。現在把黎巴嫩從敘利亞行省制度中劃出，轉成一個具有優先權的行政單位——特區，特區由歐洲列強擔保，特區長官由伊斯坦堡直接任命。鄂圖曼人對這個安排極不情願，他們接著把其他一些州也稱為特區，以貶低特區概念中原有的特殊重要性。這其中就有卡拉克特區，這與州並無差異。

　　外約旦北部的阿杰隆州在十六、十七世紀一直是大馬士革行省的一部分。1851 年阿杰隆州重組為大馬士革行省的下屬行政單位。1894 年鄂圖曼軍隊最終征服了叛亂四十多年的比拉德·夏拉特。在這個地方恢復平靜後，立刻編為大馬士革行省下屬的特區。特區的行政中心是卡拉克，鄂圖曼軍隊安營紮寨，以幫助特區長官維護法律和秩序。同時，大赦本地原有的叛亂者，給卡拉克及近郊各大家族的謝赫（sheikh，阿拉伯的族長、家長、村長，或顯貴）按月發放津貼，以求得他們的政治合作，1864 年敘利亞各行省首次重組後，當局在各行省力圖推行土地和稅制改革，未料，

---

❷　黎巴嫩山區雖處於伊斯蘭世界的包圍之中，但長期處於半獨立的自治狀態，外地的基督徒受到迫害時，紛紛逃到這裡避難；本地的統治者長期執行保護基督教的政策；西方國家（特別是法國）對這裡產生了很大影響，強調基督徒權益。因此，黎巴嫩在 1932 年時國內人口有高達 52% 是基督徒。

這引起民怨沸騰。在外約旦巴爾卡地區，那不勒斯 (Nablus) 州的州長就想對阿德萬 (Adwan) 當地的貝都因人橫徵暴斂。阿德萬部落拼死抵制，導致其謝赫被抓，銀鐺入獄。1882 年這位謝赫獲釋出獄，巴爾卡地區成為那不勒斯州屬下的一個縣，1888 年那不勒斯州成為特區，歸屬於新成立的貝魯特行省。1905 年，巴爾卡縣從那不勒斯特區劃出，成為大馬士革行省卡拉克特區下屬的一個縣。

當鄂圖曼在外約旦行政管理正常化後，部分農業恢復繁榮，原來的廢墟荒地如今處處炊煙裊裊。在騷亂多發之地，鄂圖曼當局竭盡全力恢復法律和秩序，推行新政改革，不過這也與當地利益和傳統生活方式格格不入。更嚴重的是，由鄂圖曼文職官員和軍官堅持的國家現代化政策威脅了本地酋長謝赫所享有的傳統權勢。他們或煽風點火，攻擊國政，或控告官員管理無能，殘酷無情。他們千方百計擴充自己的權勢。

在卡拉克特區村鎮的謝赫們內靠民眾支持，外爭自己利益，與鄂圖曼當局尖銳對立，水火不容，不久，本地相繼發生兩次起義，但全被當局殘酷鎮壓。

1905 年在卡拉克城南的肖巴克村發生了第一次起義。那年當地鄂圖曼軍營的軍官開始強迫村子裡的婦女勞動，從山谷裡泉水中取水，把水運到今日鄂圖曼軍駐紮的要塞中。這不僅激起本村村民的起義，而且也導致附近與之結盟的貝都因人的反叛。鄂圖曼當局從卡拉克派軍征剿，對肖巴克村的反叛者嚴懲不貸。

1910 年卡拉克爆發第二次起義，來勢更為兇猛，背景更為複雜。1894 年起本地的謝赫按月領取津貼，到 1908 年當局停發津

貼。其原因顯而易見，新執政的聯合進步黨認為卡拉克的權貴們未能盡忠國家，不該領取津貼。與此同時，卡拉克特區行政委員會選中馬賈利家族 (Majali) 的一位重要成員，然而大馬士革行省總督拒絕批准，阻止他進入行政委員會。鄂圖曼政府一面下令全面徵兵，一面下令收繳國內人民的武器，這類措施對農民或貝都因人而言是十分敏感的，使得外約旦和敘利亞的農村居民誠惶誠恐，擔驚受怕。

　　1910 年外約旦形勢危急。鄂圖曼大軍消滅了大馬士革南部赫蘭德魯茲教徒 (Druze) ❸ 起義，軍事法庭把起義者或判處死刑，或判處徒刑。同時該地德魯茲教徒的武裝被迫解除，屆齡男子強徵入伍，送往巴爾幹服兵役。赫蘭地區一俟平靜，大馬士革的鄂圖曼政府向卡拉克派出人口普查委員會，以確定那些男子為適齡青年，以便徵召入伍。當地人民及當地酋長自然警覺起來，他們團結在馬賈利家族周圍，擁立他們為領袖，起兵反抗。

　　卡拉克城的駐軍大部分前往附近的貝都因地區作戰，城裡兵力空虛，馬賈利人率領卡拉克及附近的部落居民，進攻城中官邸，搜查追殺官員，焚燒官方檔案。城裡要塞中的鄂圖曼軍隊企圖突

---

❸　埃及法蒂瑪王朝的哈里發哈基姆(996–1021 年在位) 禁止進口一切易醉的飲料；禁止宴會、音樂、下棋；嚴禁婦女的不道德行為，將婦女關入後房，以老年婦女對一般婦女進行監督；為禁止婦女外出，對製造女鞋者予以處罰。1017 年，來自於波斯的傳道師哈姆扎宣揚哈基姆具有神性，是阿拉在現世的化身。哈基姆死後，哈姆扎派到黎巴嫩山區，繼續神化哈基姆，創立了一個新教派——德魯茲派。

圍，以阻擋叛亂，但要塞已被團團圍住，他們被迫退回，固守要塞。叛亂很快蔓延到卡拉克特區各地，直至塔菲拉 (Tafila) 和馬安。起義者奪取剛完工的漢志鐵路車站，破壞橋樑，割斷電報線。

　　卡拉克起義持續了八天，鄂圖曼軍隊乘坐火車從大馬士革出發，抵達卡拉克城，大開殺戒，濫殺無辜，將起義淹沒在血泊之中。起義領袖被捕受審，五人在大馬士革被處決，五人在卡拉克被處決，以此殺一儆百，威懾部落居民。馬賈利家族被視為起義的主犯，全被放逐，剝奪公民權利。後來，強迫卡拉克人民必須為在起義中遭受破壞的所有國家財產賠償，賠償金按年繳納，只是賠償金的支付後來不了了之。1912 年鄂圖曼帝國宣布大赦，整個事件到此為止。1914 年第一次世界大戰爆發時，鄂圖曼對外約旦恢復控制。

第三節　登高一呼──謝里夫家族聖城起義

　　1916 年 6 月 5 日，麥加的謝里夫胡笙長子阿里和三子費沙爾以胡笙的名義在麥地那宣布起義。阿拉伯民族主義者從阿拉伯各地匯集於漢志，加入費沙爾的起義軍，他們擁戴其父為國王。不到三個月起義軍就控制了除麥地那以外的漢志主要城鎮，俘敵六千名，起義軍由四萬人、一萬支槍發展到七萬人、二萬支槍。

　　1917 年 7 月 5 日，費沙爾的阿拉伯軍團占領海港城市亞喀巴。在進軍外約旦的過程中，英國不僅從財力上支持，更從開羅派出軍官隨軍幫忙，出謀劃策。其中一個英國軍官名叫勞倫斯

圖13：湯姆士・愛德華・勞倫斯
　原先為考古學家，足跡遍及中東，說著一口流利的阿拉伯語，對當地有深入的了解。一次世界大戰期間，以其專業在北非擔任軍方顧問，並在1916年時參與阿拉伯大起義，率領阿拉伯人對抗土耳其人，表現英勇，深獲阿拉伯人信賴，並獲賜阿拉伯象徵的長袍，此後以阿拉伯的勞倫斯自居，也以此聞名於阿拉伯世界。1918年10月，在埃米爾費沙爾的指示下，他與愛倫坡將軍合作，攻入大馬士革。但當阿拉伯世界許多地區陸續獨立建國後，他卻被視為燙手山芋，最後黯然回到英國。

(T. E. Lawrence)，他曾寫過 《智慧七柱》 (*Seven Pillars of Wisdom*)，使阿拉伯大起義名垂青史。

　　敘利亞戰事一結束，費沙爾就在大馬士革建立阿拉伯政府，外約旦歸其管轄。到1919年年底，費沙爾政府將敘利亞全國分為八個行政單位，阿拉伯語稱為「里瓦」（liwa，州的意思）。其中的巴爾卡州在外約旦。 其行政中心是薛勒特， 也包括馬達巴 (Madaba) 和安曼。 其餘的外約旦領土劃分在其他兩個州。 在北方，從前阿杰隆州的管轄區域成為赫蘭州的一部分，其行政中心是現在敘利亞的德拉城。在南方，從前卡拉克特區現在成為卡拉

克州，只是它的管轄區域延伸到漢志北部，包括泰布克 (Tabuk)附近。外約旦是被費沙爾的敘利亞遺忘的地方，大馬士革的中央政府無暇顧及外約旦，因為它被更緊迫的事情折騰得焦頭爛額。

1920 年法國迫使費沙爾放棄大馬士革。費沙爾一逃出敘利亞，他的部下也逃離大馬士革，到外約旦尋求避難。在北部，他們受到從前政治盟友的保護，因為這些政治盟友掌握著伊爾比德和薛勒特的行政權，他們是費沙爾時代走馬上任的。大馬士革的中央政權突然土崩瓦解，必然導致天下大亂，法律和秩序蕩然無存。在農村，有權有勢的權貴們喜笑顏開，自行其是，為所欲為，自立山頭。在沙漠中的貝都因部落權貴們也同樣目無法紀，坐地稱王。

在鄂圖曼帝國的最後幾十年間外約旦的貝都因人和村鎮居民一樣被迫服從國家，繳納賦稅。而現在，外約旦的貝都因人故態復萌，拒絕承認任何當地權威，對定居地區加強控制，對世居大族的有組織抵抗高度警惕，他們之間相互殺伐，爭權奪利。

同時，在耶路撒冷的英國託管當局也漫不經心，隨便把外約旦納入巴勒斯坦託管地的管理之中。託管當局想在巴勒斯坦為猶太人建立一個民族家園，這個計畫導致當地阿拉伯人的強烈抵制。在英國政界，外約旦僅被看成是巴勒斯坦託管地的一部分，阿拉伯人不願在此居住，猶太人可去那兒安居。再者，英法託管地之間劃界問題尚未解決。在費沙爾領導下的赫蘭州已包括外約旦的伊爾比德和阿杰隆地區，而赫蘭後來成為法國託管地敘利亞的領土。直到 1921 年，赫蘭仍包括雅穆克河南的拉姆薩城 (Ramtha)

及近郊，雅穆克河在地理上屬於伊爾比德地區。邊界問題使英國不願對外約旦託管行政管理花費更大精力。

英國託管當局更願意把外約旦看成各行其是的三個政府，而不是渾然一體的政區。每一個政府都有耶路撒冷任命的英國顧問。北部為阿杰隆政府轄地，行政中心在伊爾比德。中部的巴爾卡地區組成薛勒特政府，行政中心在薛勒特。在南部，從馬安－泰布克地區劃出卡拉克地區，泰布克重歸漢志管轄，卡拉克地區成立阿拉伯毛卜政府，其行政中心在卡拉克。

出現在費沙爾敘利亞王國外約旦廢墟上的三個地區政府之中，有一個相對較為成功的政府是薛勒特政府。北部，以伊爾比德為首府的阿杰隆政府幾乎不能維護領土的完整，行政管理更談不上一元化，伊爾比德城當地家族的權貴們雄心勃勃，壯志凌雲，不願意聽從政府號令。法國託管當局輕而易舉地利用了他們的野心和好鬥性，鞏固在敘利亞赫蘭地區的統治地位。赫蘭與伊爾比德地區北部為界。伊爾比德城的行政制度源於費沙爾王朝，然而本地有權有勢的名流顯貴接二連三地反對現存秩序，自立為王，自闢王國。反叛的原因大同小異，無非是抗議政府的徵稅行動。

如果說以伊爾比德城為首府的阿杰隆政府以失敗宣告結束的話，那麼卡拉克地區的阿拉伯毛卜政府不過是一場滑稽戲。從該政府顧問克爾克布雷德（Alec kirkbride，英國從耶路撒冷派來的政府顧問）少校的政治回憶錄《燒荊棘的爆裂聲》及其他資料中得知，這個政府當時群龍無首。費沙爾的大馬士革政權滅亡之後，卡拉克特區長官被當地一個名叫盧菲‧馬賈利 (Rufayfan Al-

Majali) 的謝赫取代。克爾克布雷德在未接到明確指令的情況下便抵達該城。當時，已選出高級議事會以輔佐這個新上任的特區長官。高級議事會由代表本地名門望族的八名謝赫組成，其中一個是代表本地基督教最大家族哈拉薩 (Halasa) 的牧師。當克爾克布雷德第一次參加高級議事會的正式會議時，他發現每個成員看起來莊嚴肅穆，尊貴無比，言談交流狀似熱絡，但貌合神離。同時，他們選不出一個議事會主席，因為除了那個基督教牧師以外，每個人都盛氣凌人，認為自己有資格擔此重任。再者，沒有一個世家大族準備把主席一職讓與其他家族。與會代表之間相互偷偷交換眼色，向這位年輕的英國軍官暗示由他來主持會議。當他提出抗議時，人們明明白白地告訴他，他是唯一可接受的人選：首先他是局外人，這使他在政治上無可爭議；其次，他是英國的代表，因此是唯一能保證毛卜政府從巴勒斯坦英國當局得到財政及其他支持的人選。

卡拉克的毛卜政府，似乎期望耶路撒冷的英國當局能為它提供所需要的一切金錢。在議事會坐而論道的謝赫們，絕不強迫自己部落的居民繳稅，因為他們自己也不願為下屬樹立一個好榜樣。

為了維持治安，克爾克布雷德分得三十五名阿拉伯警察，他們是從巴勒斯坦選派而來的。然而這些警察六個月未領到薪水，因為從耶路撒冷領取的現金要途經安曼，而安曼和卡拉克之間的道路常受到強盜的打劫，以至於如果攜帶現金，就是受保護的官員也不安全。毛卜政府的警察無論如何也無法恢復法律和秩序，在這個地區騷亂成為家常便飯，遠方的貝都因人如入無人之境，

連貝都因部落都相互攻伐，不怕政府干預。有好幾次克爾克布雷
德也被襲擊，他不得不用武器保護自己。不久卡拉克內部也爆發
家族爭鬥，這使毛卜政府威風掃地，甚至在行政中心，政府也是
徒有虛名。

　　這就是漢志胡笙國王的二兒子謝里夫阿布都拉在 1920 年 11
月 11 日，從麥地那出發坐火車來到馬安城邊時，外約旦面臨的形
勢。阿布都拉千方百計要守住阿拉伯敘利亞王國的外約旦地區，
在這塊不引人注目的國土上，阿布都拉建立了外約旦酋長國。

源遠流長：一脈相傳的謝里夫家族

第一節　克塔達——謝里夫王朝的創始人

先知穆罕默德屬於麥加的古萊氏部落 (Qureish)，哈希姆家族 (Hashemite) 是古萊氏部落的分支，從歷史上看哈希姆家族以兩大支系存在：一是穆罕默德的叔父阿拔斯的後代——阿拔斯派；二是先知的女兒法蒂瑪和其丈夫阿里（阿里也是先知的堂弟）的後代——阿里派。到十六世紀中葉時，阿拔斯家族已滅絕，哈希姆家族只有阿里支系，他們自稱為聖裔家族。因此只有阿里家族屬於現代意義的哈希姆家族。

法蒂瑪和阿里生兩個兒子：哈桑和胡笙，他們是先知僅有的外孫，是先知所有後裔的祖先。哈桑支系是約旦的哈希姆家族的祖先。阿里既是哈桑和胡笙的父親，也是伊斯蘭正統第四任的哈里發，也是最後一任哈里發。他死後，穆斯林統治成為王朝統治：先是建都於大馬士革的奧米亞王朝（661–750 年），後是建都於巴

格達的阿拔斯王朝（750–1258 年）。奧米亞人自立為哈里發後，就把哈希姆家族特別是阿里派排擠在外，阿里派舉兵反抗。阿拔斯人從奧米亞人手中奪取哈里發職位，阿拔斯人屬於哈希姆家族。然而阿拔斯人把哈里發職位據為己有，把更有資格統治伊斯蘭世界的阿里後裔排除在外。因此阿拔斯人和奧米亞人一樣鎮壓阿里後裔。

那些承認奧米亞王朝和阿拔斯王朝統治的合法性，承認歷史事實的穆斯林最終成為素尼派，即正統派。凡堅持認為只有先知的後裔才是合法哈里發的穆斯林被稱為什葉派（什葉在阿拉伯語中是「派別」的意思）。

然而，素尼派穆斯林和什葉派一樣對聖裔家族懷有特殊的敬意。奧米亞王朝和早期阿拔斯王朝時建立了伊斯蘭帝國，可是帝國的統治卻破壞了穆斯林信仰的純潔性，破壞了平等的社會原則，導致哈里發統治者和穆斯林臣民之間的裂痕，引發了週期性的宗教和政治動亂。哈希姆家族因為是聖裔，雖然被哈里發排除在政權之外，在穆斯林之中仍繼續享有偉大的道德權威的地位，每當社會形勢陷入危險之中時，每當民冤苦楚無法申訴時，絕大多數穆斯林──包括素尼派和什葉派──自然而然地會從聖裔家族中尋求領袖。因此穆斯林群眾都願團結在聖裔家族周圍，反對當朝統治者。

因為阿里系的哈希姆家族是先知的直系後裔，他們自然被尊為伊斯蘭利益和穆斯林利益的最好代言人。在整個伊斯蘭歷史上，素尼派或什葉派穆斯林的反抗運動都明顯地以聖裔家族成員為領

袖。即使這樣的運動事實上並未尋求哈希姆家族當領袖，但是阿里系哈希姆家族早已自認為是反抗運動合法的領袖候選人。他們隨時準備投身政治事業，這成為一個家族傳統。

原來所有哈希姆家族成員，不管是先知的後代還是先知叔父的後代，都有「謝里夫」的頭銜，意為「高尚的人」或「貴族」。根據後來的慣例，「謝里夫」頭銜專指先知後裔之中的哈桑系。胡笙系的堂兄弟逐漸與他們有區別，獲得「賽義德」(sayyid) 的頭銜，意為「主人，老爺，君主」（有時兩個頭銜相互使用）。在阿拔斯王朝的早期，哈桑系謝里夫的一支在摩洛哥建立獨立王朝。本書介紹的則是漢志的麥加和麥地那的哈桑系謝里夫。原本，漢志的謝里夫遠離政治，可是西元十世紀後半葉的形勢又讓他們投身政治。

西元 900–1077 年是異端卡爾馬特派的鼎盛時期。卡爾馬特派從阿拉伯半島東部大本營出發，襲擊伊拉克、敘利亞和阿拉伯半島各個角落，攔截從任何方向前往麥加朝觀的陸上朝聖者。廣大穆斯林只有從埃及出發由海路去麥加聖城朝觀。930 年，卡爾馬特派攻占麥加，大肆搶劫，劫走天房 (Kaaba) 的黑色聖石。

穆斯林大眾認為這個醜事難以容忍。對於阿拔斯王朝而言，這件事使他們尷尬難堪，丟人現眼。哈里發的義務之一就是盡可能使所有的穆斯林完成朝功，最重要的就是保證朝觀之路安全暢通，保證聖城聖殿完整無缺。巴格達哈里發本人無能為力，把此事交給他的封臣凱福 (Kafur) 處理，凱福是一個黑人太監，946–968 年統治埃及，是伊赫什德王朝的攝政王。950 年，凱福勸說卡

爾馬特派把黑石歸還麥加,也阻止了他們對漢志和敘利亞的侵擾,這樣陸上朝覲之路又暢通無阻。

為了進一步確保麥加朝聖的安全,凱福挑選了漢志一個名叫雅法爾‧穆薩維 (Jaafar Al-Musawi) 的謝里夫,並在 964 年任命他為麥加埃米爾。在現代阿拉伯語的用法中,「埃米爾」這個頭銜指王室成員執政的王子、親王或不執政的王子、親王。然而這個詞原先源於阿拉伯語的動詞「命令、指揮」,實意指「指揮官、司令官」。因此原本由凱福創立的麥加埃米爾之職主要是武官。麥加埃米爾的職責是保衛聖城聖殿,採取必要的措施方便每年的朝聖。

作為麥加的埃米爾,雅法爾‧穆薩維毫無疑問被認為是整個漢志的統治者。但他必須在埃及宗主國的監管之下活動。凱福死後,969 年法蒂瑪人征服了埃及,973 年以開羅為法蒂瑪王朝的首都,正是法蒂瑪的哈里發開始從雅法爾‧穆薩維的後裔中任命麥加的謝里夫。

法蒂瑪王朝控制漢志的欲望不單單源於宗教動機,它有必要控制麥加朝聖以證明哈里發的職責。對於法蒂瑪王朝至關重要的乃是控制紅海。那時,海上商業的復興已使埃及成為亞洲香料貿易的中心,亞洲香料貿易經由紅海直達地中海世界。

為了控制紅海,法蒂瑪人首先控制了葉門。1037 年,法蒂瑪人想方設法建立了依附於自己的伊斯馬儀派❶王朝──蘇勒赫王

---

❶ 伊斯馬儀派又稱「七伊瑪目派」,第六位伊瑪目加法爾‧薛迪克最初指定他的長子伊斯馬儀(?-760 年)為繼任伊瑪目,由於他酗酒和早逝,

朝 (Sulayhids)，其統治延續到 1138 年。1062 年這個王朝的第一
位統治者征服整個葉門，立即北進漢志，代表他的封君法蒂瑪王
朝占領漢志。他一度從當地謝里夫之中選任麥加的埃米爾。

　　1058 年伊斯蘭世界的素尼派政權開始振興，麥加的埃米爾夾
在開羅法蒂瑪哈里發和伊斯法罕塞爾柱蘇丹之間，地位很不明確。

　　1200 年，一個本地名叫克塔達‧伊本‧伊德里斯的人在麥加
奪取權力，被開羅阿尤卜王朝（1171 年，薩拉丁在開羅建立阿尤
卜王朝）的蘇丹任命為聖城的埃米爾。克塔達成為謝里夫新王朝
的創始人，這個王朝執掌麥加埃米爾大權直到 1925 年。謝里夫克
塔達原本來自麥地那地區的延布海港 (Yanbu)，他的家族掌握了
相當多的地產。他未徵得阿尤卜王朝的同意，就征服了大部分的
漢志。在故鄉延布，他在海邊保留了軍事要塞，這使他有可能從
紅海貿易中賺錢，因為貿易艦隊在到埃及之前要停泊延布港。阿
尤卜王朝全力支持謝里夫克塔達。他死後不久，一個新王朝拉蘇
里德王朝 (Rasulids) 在葉門建立（1228–1454 年），繼而爭奪阿尤
卜王朝對漢志的權利。從 1241 年起，謝里夫克塔達的子孫們為麥
加埃米爾之位爭吵不息，拉蘇里德王朝坐收漁人之利，取代阿尤
卜王朝，將漢志納入自己管轄之下。

加法爾‧薛迪克廢除其繼位權，另指定其弟穆沙‧卡西姆 （745–799
年）為第七位伊瑪目，什葉派中一部分人拒絕這種更換，認為伊斯馬
儀並沒有死，他將作為馬赫迪（救世主）重臨世上；一部分人接受他
去世的事實，認為伊瑪目位已通過伊斯馬儀傳給他的兒子穆罕默德。
伊斯馬儀派由此形成。

　　1250 年，阿尤卜王朝被馬木魯克王朝取代。1258 年，蒙古軍攻陷巴格達，最後一個阿拔斯王朝的哈里發被殺，阿拔斯哈里發的支脈轉移到開羅。他們唯一的政治功能就是賦予埃及馬木魯克統治者以蘇丹權威，只有在位的哈里發才能發揮這個功能。

　　埃及的馬木魯克王朝與葉門的拉蘇里德王朝爭奪對紅海的控制權。馬木魯克王朝在爭奪中取勝，接管了漢志，1350 年將漢志變成帝國的一個普通行省。到十五世紀，馬木魯克騎兵部隊駐紮在麥加。同時，埃及的戰船停泊在麥加的海港吉達 (Jidda)，這裡成為馬木魯克王朝在紅海和印度洋的海上活動的基地。隨著馬木魯克王朝控制吉達港，吉達很快取代延布，成為漢志海岸的重要的海上貿易中心。馬木魯克王朝為了對漢志進行更嚴密的政治和軍事控制，在謝里夫家族內部挑撥離間，從中漁利。當漢志歸入馬木魯克帝國統一管轄時，這些麥加埃米爾成為馬木魯克在本地的主要助手。

　　1454 年後，葉門新王朝——塔希里德王朝 (Tahirids) 取代拉蘇里德王朝，以靠近紅海岸邊的宰比德 (Zabid) 為冬都。他們控制了紅海的入口亞丁海港 (Aden)。塔希里德王朝原本與馬木魯克王朝在政治上互相合作，兩者相安無事。然而 1497 年葡萄牙人首次繞過非洲大陸，在印度洋建立令人畏懼的海上霸權。1508 年馬木魯克王朝的艦隊從吉達海軍基地出發，進入印度洋，在孟買南邊與葡萄牙人發生戰鬥，迫使葡萄牙艦隊撤走。第二年，葡萄牙興兵報復，迫使埃及艦隊返回吉達港。

　　葡萄牙人開始威脅塔希里德王朝的亞丁港，亞丁港控制埃及

海域的入口，馬木魯克王朝感到塔希里德王朝國力不強，不足以長期保衛埃及海疆。為了阻止葡萄牙進入紅海，馬木魯克人確信除了征服葉門別無選擇。對他們而言，埃及的全部經濟命脈以及開羅政權的未來似乎都取決於這件事。此時麥加的埃米爾是謝里夫巴拉卡特 (Sharif Barakat)，他的兒子阿布‧奴麥 (Abu Numai) 忠心輔佐他，這二人都富有政治和軍事才能，樂於幫助馬木魯克王朝。征服塔希里德王朝的戰爭最終開始了，這二位謝里夫率領漢志軍隊出征，1516 年 5 月代表馬木魯克王朝占領宰比德，迫使塔希里德王朝的勢力退回亞丁。

　　征服宰比德是馬木魯克帝國最後的軍事勝利。同年 8 月，鄂圖曼軍隊在蘇丹栖林一世 (Selim) 領導下南下進入敘利亞，迫使馬木魯克軍隊撤出阿勒坡附近，隨即占領大馬士革。

　　1517 年 1 月栖林一世出征埃及，進入開羅。馬木魯克王朝的末代蘇丹托曼巴（Tomanbay，1516–1517 年）在開羅郊外，抵抗到 4 月，最後失敗被俘，並被絞死。在紅海，鄂圖曼海軍很快進攻吉達，抓獲馬木魯克總督，將其淹死。謝里夫巴拉卡特和他的兒子阿布‧奴麥見風使舵，轉而反對馬木魯克人，逮捕在麥加的馬木魯克政府的兩名主要代表——當地的騎兵司令和財政總監。他們用計殺死葉門的馬木魯克總督，為逼近的鄂圖曼人勝利進軍開闢道路。

　　1517 年 7 月 3 日，謝里夫阿布‧奴麥到達開羅，將馬木魯克囚犯交給栖林一世，向他宣誓效忠，承認他是漢志的封君和宗主，是「聖地的奴僕和保護者」。鄂圖曼征服者則確保阿布‧奴麥和其

父麥加埃米爾擁有原來的特權,也承認兩位謝里夫是整個漢志的實際主人,任命他們擔任從前由馬木魯克軍官擔任的三個官職:吉達城防司令、麥加駐軍司令和麥加財政總監。在開羅的五週內,阿布‧奴麥被尊為上賓。栖林一世冷落開羅哈里發穆塔瓦基爾(Al-Mutawakkil),1517 年 7 月,把哈里發從開羅帶到亞歷山卓,又從海路送到伊斯坦堡。因為鄂圖曼蘇丹認為麥加謝里夫的伊斯蘭合法性超過埃及的哈里發。後來允許穆塔瓦基爾以哈里發身分返回開羅,但他的地位一落千丈。1543 年他死後,埃及哈里發悄悄消失,阿拔斯家族很快被遺忘。

征服埃及後,鄂圖曼人很快統治了大部分阿拉伯世界。但不久地方封建小國開始蔓延各地。在阿拉伯半島,只有漢志受鄂圖曼控制近三百年,這中間未曾間斷。

在漢志,伊斯坦堡蘇丹每年重申其宗主權,派出軍隊從大馬士革出發,護送朝觀者去麥加和麥地那。在麥加,鄂圖曼政府繼續任命謝里夫巴拉卡特的子孫為聖城的埃米爾。允許這些謝里夫在麥地那和延布行使權力,並可自取吉達港稅收的一半歸己所用。不過為了限制他們的權力,鄂圖曼人也盡全力對占統治地位的謝里夫家族分而治之,並陰謀策劃本地其他哈桑家族反對它,1635 年後,伊斯坦堡任命的帕夏薩那 (Sanaa) 嚴密監督麥加的埃米爾,以防他們沿著漢志海岸向南擴張,染指屬於葉門的吉贊港 (Jizan)。栖林一世之後,鄂圖曼當局認為削弱麥加謝里夫家族的權力是一項治國良策,於是從伊斯坦堡派出卡迪(cadis,民事法官)獨立行使聖城穆斯林司法權力。這樣,麥加埃米爾就處於鄂圖曼帝國

的嚴密監控之中。

第二節　謝里夫家族的分裂

　　1631 年，謝里夫家族因為繼承權爆發爭執，並一分為二：阿布都拉家族和宰德家族。阿布都拉家族自認為資格較老，級別較高，因為他們的祖先阿布都拉是宰德的叔祖父。可是另一方面，達維‧宰德也宣稱高人一等，因為宰德的祖父胡笙是阿布都拉的兄長，他們二位都是阿布‧奴麥的孫子。近二百年來，達維‧宰德家族壟斷了埃米爾官職，激起阿布都拉家族的強烈反對，兩大家族爭鬥不息。到了十八世紀阿布都拉家族的領導權交給謝里夫阿布都拉的曾孫達維‧歐安 (Aoun)，此人成為阿布都拉支系的祖先。到二十世紀，阿布都拉家族被稱為達維‧歐安家族。

　　此外，謝里夫家族還面臨著來自內志的嚴重威脅。1745 年素尼派穆斯林法學家穆罕默德‧伊本‧阿布都拉‧瓦哈比 (Muhammad Ibn Abdul Wahhab) 在當地酋長穆罕默德‧伊本‧沙特 (Muhammad Ibn Saud) 的保護下展開沙漠清教運動，其活動中心在利雅得 (Riyadh) 北邊的德拉伊葉村 (Dariyya)。這兩人動員阿拉伯半島中部的阿奈札 (Anaza) 貝都因人支持他們的宗教運動。瓦哈比派認為鄂圖曼國家的伊斯蘭制度墮落腐敗，鄂圖曼國家本身不配擔當穆斯林的領袖。他們譴責所有不符合《古蘭經》和聖訓的穆斯林習俗。懲罰瀆神者的行為，清除包括對先知、聖陵和聖地等在內的一切偶像的崇拜；否定教民通過媒介接近阿拉的「人

圖14：古蘭經　上圖為七世紀時的古蘭經，用古阿拉伯文寫在羊皮上
而成，是伊斯蘭教的聖經，穆斯林認為古蘭經是真主阿拉傳給先知穆
罕默德的真言。古蘭經除在宗教方面的作用外，大多數的穆斯林還以
此學習阿拉伯文。

神中介」之說，也不承認聖徒；恪守先知和《古蘭經》的規定。
瓦哈比派自稱「穆瓦希德」，即敬奉唯一真主的人。由於瓦哈比派
恪守這種清心寡欲的戒律與簡樸風尚，因此，它又有「沙漠清教
徒」之稱。

　　在控制了阿拉伯半島中部和哈薩周圍地區以後，1801 年瓦哈
比派集結了阿奈札部落的軍隊，首次進攻敘利亞和伊拉克，之後
轉而進軍漢志，1803 年攻取麥加謝里夫的避暑聖地──塔伊夫城
(Taif)。從塔伊夫城出發，攻陷麥加，並剝去天房上傳統的裝飾
品。瓦哈比派的軍隊被趕出麥加後，又在 1804 年奪取延布，攻進

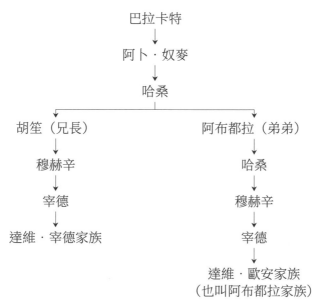

圖 15：謝里夫家族的分裂

麥地那，破壞先知的陵墓。1806 年他們再次攻陷麥加，奪取吉達港。麥加的埃米爾謝里夫加里卜（Ghaleb，1787–1813 年）被迫與瓦哈比派的征服者和好，並同意成為瓦哈比派在漢志的總督。這使達維·宰德家族蒙受恥辱。

　　埃及的穆罕默德·阿里帕夏代表鄂圖曼帝國前往鎮壓瓦哈比派運動。1811 年埃及軍隊在延布登陸，1812 年奪取麥地那和吉達。在麥加，謝里夫加里卜加入埃及軍隊，瓦哈比派軍隊隨即逃出城市。埃及軍隊在內志與瓦哈比派決戰。1818 年，他們攻陷並摧毀德拉伊葉城。埃及人從內志撤軍，但在漢志駐守了一段時間。1812 年謝里夫加里卜被撤職，先由他的侄子雅赫雅·伊本·蘇羅

（Yahya Ibn Surur，1813–1827 年）接替，再由他的兒子阿布都拉・穆塔里卜 (Abdul Muttalib) 繼任。他兒子剛任職一個月，穆罕默德・阿里堅決反對。麥加埃米爾由謝里夫穆罕默德・艾卜・阿布都拉・穆英（1827–1851 年）接任，他是達維・歐安家族的第一任麥加埃米爾。他們最初登上埃米爾寶座多虧埃及人，因此達維・歐安家族的謝里夫對開羅感恩戴德，甚至在 1840 年鄂圖曼人恢復了在漢志的統治後也是如此。上面的家譜連接圖表示達維・歐安家族的麥加埃米爾的繼承次序。

　　鄂圖曼人恢復對漢志的統治後，開始實行行政管理中央集權化改革。在改革中漢志首次成為鄂圖曼的正規行省，行省總督由伊斯坦堡任命，鄂圖曼的步兵連隊駐紮在漢志的主要城鎮。這項新制度剝奪了麥加埃米爾的大部分傳統權力，麥加埃米爾奮起抗爭，但無濟於事。為加強控制，鄂圖曼中央政府和任命的漢志行省總督使達維・歐安家族的謝里夫相互爭鬥，也唆使其競爭對手達維・宰德家族反對他們。達維・宰德家族的主要代表謝里夫阿布都拉・穆塔里卜曾在 1827 年被埃及人撤職，現在又兩度官復原職，取代達維・歐安家族的埃米爾，第一次任職在 1851–1856 年間，第二次任職在 1880–1882 年間。1908 年阿布都拉・穆塔里卜的孫子謝里夫阿里・海達爾 (Ali Haydar) 與達維・歐安家族的埃米爾候選人謝里夫胡笙激烈競爭，最後胡笙勝利。

　　1840 年以後的麥加到處充滿著陰謀詭計。每任命一個新的埃米爾，就必須把前任流放到伊斯坦堡或開羅。不管是屬於達維・宰德家族還是達維・歐安家族，凡是爭奪埃米爾的人下場都是如

此。鄂圖曼帝國也把謝里夫家族中具有政治野心的成員召到伊斯坦堡，名為尊貴的客人，實為嚴密監視的囚犯。這種事一再地發生，也讓謝里夫家族越來越鄂圖曼化，逐漸適應伊斯坦堡和開羅的都市生活方式。雖然很多謝里夫有意保持他們地方特色的服飾和行為模式，甚至在外國時也是如此，但在世紀之交一些謝里夫已成為具有現代意識的人。

同時，漢志的謝里夫開始感到家鄉附近所遭受到現代世界的政治衝擊。早在 1819 年，英國人從印度的殖民地出發奪取了阿拉伯灣的入口處的拉薩勒‧凱馬（Rasal Khayma，在今天的阿拉伯聯合大公國境內），這成為英國在阿拉伯半島的第一個立足點。之後 1839 年英國奪取亞丁，隨之建立了阿拉伯保護國體系，最終包括半島所有南部海岸和東部海岸地區。在英印當局的鼓勵和支持下，1902 年，信仰瓦哈比派教義的酋長阿布都拉‧阿齊茲‧沙特 (Abdul Aziz Al-Saud) 奪取利雅得，在內志建立了獨立王國。在利雅得的北邊，沙特人從前的盟友拉西德家族 (Al-Rashid) 自 1840 年以來已在哈伊勒城 (Hail) 附近建立了自己的獨立王國。英國支持沙特人反對拉西德人，鄂圖曼帝國則支持拉西德人反對沙特人。除了英國之外，不久奧國和德國的情報機構在哈伊勒城也很活躍。

1882 年英國占領了埃及，直接控制了漢志對面的紅海海岸。英國有可能秘密接觸一支謝里夫家族，以便在需要時有機可乘，達維‧歐安家族的謝里夫之前與埃及的友誼更有利於這種接觸。從 1882 年起，義大利開始把紅海非洲海岸的厄立特利亞變成殖民地。麥加的謝里夫看到歐洲列強爭奪阿拉伯的實況，他們之中明

智之士已意識到巨變即將來臨。這一切能從鄰近的阿西爾 (Asir) 地區的發展變化中得知。

1848 年在麥加謝里夫的幫助下，鄂圖曼帝國再次征服了葉門的局部地區——亞丁保護國的北部，二百年前他們把此地讓給了宰德派的薩那伊瑪目。但漢志和葉門之間的阿西爾地區仍然是個問題。來自摩洛哥的艾罕默德‧伊本‧伊德里斯 （Ahmad Ibn Idris，死於 1837 年）自稱為先知的後裔，到阿西爾傳播與瓦哈比派教義相近的思想。他死後，他的清教教義與當地的迷信相融合產生了一種特殊的狂熱崇拜，他的後代在阿卜哈城 (Abha) 自立門戶，自稱賽義德，被其信徒尊為聖人。在二十世紀初期，其中一個賽義德穆罕默德‧伊德里斯 (Muhammad Al-Idris) 成為阿西爾的統治者。鄂圖曼帝國在麥加謝里夫的幫助下征討阿西爾，1911 年占領阿卜哈城。然而義大利從厄立特利亞出發，立刻站在伊德里斯人一邊，提供他們武器彈藥、金錢，以幫助他們收復失地，同時義大利海軍封鎖和炮轟鄂圖曼軍隊所占據的阿西爾和葉門的海港。當第一次世界大戰爆發時，英國取代義大利成為伊德里斯王朝的保護者，並在 1915 年與後者簽訂了條約，以確保戰爭期間英國在阿西爾的地位。

到二十世紀初期，麥加埃米爾之職事實上是鄂圖曼帝國一種特殊的政治制度。從詞義上講它既非封建小國又非行省，它只是一種漢志謝里夫家族才能擔任的官職。它是代表基於伊斯蘭聖城的古典色彩濃厚、備受尊重的穆斯林官職。再者，它是伊斯蘭世界政治統治權轉入非阿拉伯人之手後，唯一延續的阿拉伯王朝的

穆斯林制度。

　　執掌埃米爾大權的哈希姆家族意識到其阿拉伯主義屬性，並且重視培育它、弘揚它。根據習慣，年輕的謝里夫被派去生活在貝都因人之間，直接熟悉部落的風俗習慣和阿拉伯的生活方式。但在家裡謝里夫遵守統治王朝的政治紀律。當一個埃米爾被取代之時，丟去官職的一方應該忍辱負重，謙恭有禮，聽從後任者的命令，如果新上任的埃米爾想流放他，他就乖乖地任憑處置。當謝里夫家族中的統治者爭奪埃米爾官職時，他們的遠房親戚通常袖手旁觀，找藉口推託，不想捲入雙方的爭鬥之中。直到形勢明朗，大局已定，他們會立即承認勝利的一方，站在勝利者一方。

　　二十世紀初，阿拉伯民族主義思想開始在敘利亞的城市中蔓延，但敘利亞沒有現成的領導者來推動。唯一可找到的領導者就是麥加埃米爾，他具有其王朝的歷練和獨特的歷史經驗。麥加的埃米爾不僅僅是阿拉伯人，也是舉世公認的先知後裔，其伊斯蘭名望超越任何一個地區，超越任何一個宗教流派，阿拉伯世界的其他王子公孫不可與他同日而語、相提並論。

　　在阿拉伯人的穆斯林中，首次表達民族情緒主要圍繞著哈里發問題而展開。鄂圖曼蘇丹真正聲稱自己是哈里發，是在鄂圖曼帝國大勢已去之時。1774 年俄羅斯人征服了克里米亞半島後，承認鄂圖曼蘇丹是哈里發，允許伊斯坦堡蘇丹以哈里發身分繼續對當地穆斯林行使宗教權威。在十九世紀所有歐洲各國逐漸承認鄂圖曼蘇丹為哈里發時，唯獨伊斯蘭世界對此表示沉默。根據傳統，伊斯蘭哈里發應該是古萊氏部落的阿拉伯人，如果他屬於聖裔，

就會被伊斯蘭社會普遍接受。到十九世紀後期一些阿拉伯人開始發言：必須將哈里發職位從鄂圖曼土耳其人手中重新奪回，轉歸阿拉伯人手中。自然而然，麥加埃米爾是哈里發的阿拉伯候選人。

在鄂圖曼蘇丹之中，阿布都‧哈密德二世基本上被他的素尼派穆斯林臣民及印度的穆斯林接受為哈里發。然而正是在他的時代，作家阿布都拉‧拉赫曼‧卡瓦基比（Abdul Rahman Al-Kawakibi，死於 1902 年）首次公開提出：「將哈里發職位歸還阿拉伯人。」這位作家是來自敘利亞阿勒坡的阿拉伯人，屬於當地的謝里夫家族。卡瓦基比像其他批評哈密德專制的阿拉伯人一樣，攻擊鄂圖曼人從開羅的政治避難者那裡竊取哈里發職位。他和其他人認為最好由阿拉伯埃米爾——可能是麥加的一個謝里夫——選出哈里發。這樣的談話使阿布都‧哈密德二世更加懷疑漢志謝里夫家族的政治活動。麥加的埃米爾謝里夫歐安‧拉菲克（Aoun Al-Rafiq，1882–1905 年）在任職的大部分時間與鄂圖曼當局密切合作。但這個埃米爾的主要反對者是他的侄子謝里夫胡笙‧伊本‧阿里。從青少年時起，胡笙自己深知謝里夫職位的道德潛能，他認為事實上這與哈里發的影響相同，他期望有一天伊斯蘭的輝煌偉大應該變成現實。

胡笙‧伊本‧阿里 1853 年生於伊斯坦堡。正當達維‧宰德家族的謝里夫阿布都拉‧穆塔里卜第二次擔任麥加的埃米爾時，他的反對者——達維‧歐安家族的謝里夫阿里是胡笙的父親，名義上居住在鄂圖曼首都，實際上是光榮流放，這一直到阿里的父親謝里夫穆罕默德 1856 年又被任命為麥加埃米爾後，阿里全家才一

起返回漢志。但兩年後，穆罕默德去世，其大兒子阿布都拉被任命為埃米爾。阿里又返回伊斯坦堡，1861年在那兒去世。去世前，決定了他的兒子胡笙應當返回漢志，與他的大伯父阿布都拉待在一起，根據謝里夫習俗在貝都因阿拉伯人之中長大成人。

最後胡笙與他的大伯父阿布都拉的女兒——堂妹阿卜迪葉赫(Abdiyeh)結婚，婚後生有三個兒子：阿里、阿布都拉和費沙爾，阿卜迪葉赫在1886或1887年去世。同時，他的兩個伯父與鄂圖曼人鬧翻。鄂圖曼蘇丹懷疑阿布都拉與阿西爾的伊德里斯王朝勾結，圖謀反對國家，因此撤掉他的埃米爾之職。阿布都拉的弟弟胡笙因而被任命為麥加埃米爾，但被英國駐吉達領事館外的一名刺客刺傷，傷勢過重死於英國領事館的客廳。鄂圖曼確信胡笙多次去吉達與英國接觸，屬通敵叛國。1880–1882年達維‧宰德家族的首領謝里夫阿布都拉‧穆塔里卜第三次擔任麥加埃米爾。後來，埃米爾之職又復歸達維‧歐安家族所有，由胡笙的三伯父謝里夫歐安‧拉菲克擔任，新任埃米爾處事小心謹慎，與鄂圖曼政府相處愉快。胡笙深深捲入麥加的政治之中，他開始反對其伯父的政策，1893年他被召到伊斯坦堡，他的三個兒子也隨後到達。在這裡，他娶了第二個妻子——一位索卡遜女士，名叫阿德倫赫‧哈奴姆(Adleh Hanum)，她為他生下第四個兒子宰德及三個女兒。鑒於胡笙的崇高威望，蘇丹為他在博斯普魯斯海邊提供一處住宅，並任命他為鄂圖曼國家榮譽性議事會——舒拉(Shura，阿拉伯語意為「協商」)的成員。

胡笙被迫待在鄂圖曼土耳其首都長達十五年之久。胡笙人到

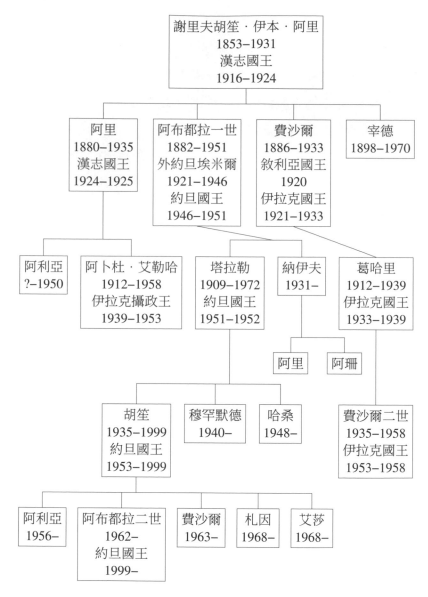

圖 16：胡笙王朝世系表

中年，頭戴麥加頭巾，身穿阿拉伯長袍，給人印象深刻。他精通伊斯蘭學問，通曉世界事務，風度高貴優雅，人品崇高，有族長之風範，這一切讓他贏得廣泛的尊重。這位謝里夫內有鋼鐵般的意志，外有靈活多變的言論，這也讓蘇丹對胡笙的政治野心和德高望重保持警惕，鄂圖曼政府不希望麥加埃米爾落入他的手中。1905 年，謝里夫歐安‧拉菲克死於麥加，接替他職務的不是胡笙而是他的堂兄和妹夫，謝里夫阿布都拉的兒子阿里（1905–1908年），阿里同漢志行省的拉提卜 (Ratib) 帕夏關係特好。這二位都因腐敗墮落惡名遠播。

　　1908 年伊斯坦堡的聯合進步黨革命突然改變形勢。在漢志，拉提卜帕夏和謝里夫阿里反對新政權，鼓動當地鄂圖曼軍隊反叛。只是在 1908 年連接大馬士革和麥地那的鐵路完工，所以土耳其軍隊乘坐列車，快速趕到漢志，粉碎了叛亂，抓獲拉提卜帕夏。阿里立刻被撤職，他的叔父阿布都拉（與他父親同名）──一位長年被流放在伊斯坦堡的謝里夫──被任命為麥加埃米爾。然而謝里夫阿布都拉因為年事已高，疾病纏身，赴任之前就在鄂圖曼首都去世。

　　此時麥加埃米爾候選人有二人：胡笙和阿里‧海達爾。後者是達維‧宰德家族的謝里夫阿布都拉‧穆塔里卜的孫子，他從七歲開始就居住在伊斯坦堡這個大都市。很多聯合進步黨人是他的私人朋友，看來他是聯合與進步委員會寵愛的候選人。然而阿布都‧哈密德仍然在位，任命麥加埃米爾仍是這位哈里發的特權。他不願意接受阿里‧海達爾當埃米爾，就勉強同意胡笙上任。

1908 年，胡笙和家人一起離開伊斯坦堡，返回漢志。

　　第二年聯合與進步委員會廢黜了阿布都·哈密德，讓他性情懦弱老朽無能的兄弟梅荷美特·雷沙特（Mehmet Reşat，或稱梅荷美特五世）繼位。一開始，聯合進步黨只在幕後操縱，強迫其政治代理人——政府執行自己的政策。然而 1913 年，聯合與進步委員會終於上臺亮相，鄂圖曼國家成為聯合進步黨的獨裁政府。在漢志，胡笙盡一切可能阻止聯合進步黨的中央集權化措施，與當地鄂圖曼總督發生衝突。他反覆強調麥加埃米爾的特權，企圖使自己成為漢志的實際主人。當伊斯坦堡新政權的態度越來越強硬時，埃米爾的反對只能越來越強烈。駐守埃及的英軍懷著極大的興趣關注著這場鬥爭，他們有著深遠的用心。

　　伊斯坦堡的聯合進步黨與德國穩步發展政治和經濟關係。如果第一次世界大戰爆發，土耳其將要站在德國一邊參戰。蘇丹將以哈里發的身分發動針對協約國的穆斯林大聖戰。這可能給在印度的英國人、在北非的法國人造成極大的麻煩。英國人為了應付可能發生的事情，就要推選一位堪當重任的、心甘情願的、身分高貴的阿拉伯人當哈里發。此時誰能比胡笙更能當此重任？只有他在漢志，正在證實自己的英雄氣概。如果事情順利，他可以輕而易舉地當上哈里發，挫敗鄂圖曼的企圖，抵銷鄂圖曼發動聖戰的影響。

　　1914 年英國駐開羅的代理人克車納 (Kitchener) 勳爵首次與麥加謝里夫接觸。不久，第一次世界大戰爆發，鄂圖曼帝國果然站在德國一邊參戰。梅荷美特五世莊嚴宣布針對協約國的聖戰。

原來估計宣布聖戰威力巨大，實際上影響是微乎其微。

開戰後西阿拉伯半島的情況十分危急。1915 年，鄂德軍隊企圖進攻蘇伊士運河，與此同時，鄂圖曼軍隊從葉門進入亞丁保護國，牢牢控制了兩個戰略據點，一個在高地，另一個靠近亞丁港。如果他們逼進海岸，德國人會把他們新發明的潛艇駛入紅海，英國人將會損失慘重。為阻止鄂圖曼與德國的軍隊進入該地，就要封鎖紅海，但人員和物資只能通過鐵路運往漢志，再從那兒經陸路運往葉門。在阿西爾地區，伊德里斯人的起義，有利於阻止鄂圖曼軍隊的供應線，只是其效果有限。漢志的起義可能和敘利亞的阿拉伯起義聯手，能將鄂圖曼軍隊被隔離在南阿拉伯半島。

英國情報部門以開羅為根據地，長期與敘利亞的秘密阿拉伯民族主義團體進行接觸。駐埃及首都的中東局的英國人立刻促進這些團體與謝里夫胡笙的兒子費沙爾建立聯繫。同時英國宣布承認戰後在阿拉伯半島建一個獨立的阿拉伯國家，公開邀請謝里夫胡笙進行合作。

胡笙和英國之間的秘密談判，促成了他在 1916 年宣布阿拉伯大起義。從〈麥克馬洪－胡笙協定〉中得知，英國如何欺騙胡笙及其家族，如何使他們加入協約國一方反對鄂圖曼人；胡笙一家如何在野心的驅使下落入陷阱。

在那個時代，渴望民族獨立是阿拉伯大起義的動力來源，這一點意義重大。民族獨立的希望和理想表現出阿拉伯人急欲走向自己的未來。很多那時宣揚阿拉伯民族主義和參加大起義的人都是主動的機會主義者，他們堅信這次阿拉伯大起義會實現阿拉伯

的復興和強大，在那個特殊時刻，所有的阿拉伯人——包括穆斯林和基督徒，相信恢復阿拉伯帝國的時刻已經來到了。他們團結在胡笙家族周圍，因為他們相信胡笙家族是代表歷史上的伊斯蘭正統性的哈希姆聖裔家族，只有他們才是人民需要的領袖。不幸的是阿拉伯大起義因英法帝國主義的干涉最後無疾而終。

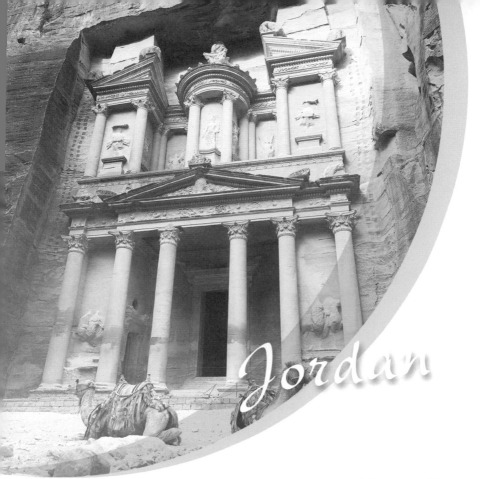

Jordan

第 II 篇

約旦王國的草創與動蕩

依附中的獨立：阿布都拉一世建立約旦王國

第一節　開天闢地──阿布都拉走上歷史舞臺

　　約旦哈希姆王國的創立者阿布都拉 1882 年出生於麥加，他是謝里夫胡笙的第二個兒子。童年時代是在聖城和避暑聖地塔伊夫度過的，不到五歲時其母去世，他被委託給他的曾祖母薩莉哈 (Saliha) 和她的女兒哈雅 (Haya) 照顧，哈雅是胡笙父親的姑母。

　　阿布都拉的哥哥阿里比他大二歲，他的弟弟費沙爾比他小四歲，在三個兄弟之中他最活躍主動，因此得到「急性子」的綽號。兄弟三個從家庭教師那兒學習《古蘭經》和阿拉伯文書法的基本知識。胡笙是一位嚴厲的父親，要求三個兒子刻苦學習，團結合作。

　　1893 年舉家遷往伊斯坦堡，阿布都拉兄弟仍然在家庭教師那裡接受教育。然而他們的課程是依照鄂圖曼軍事專科學校的現代課程而選定的，其第一任教師是工程部隊的陸軍中尉，他也是這

圖 17：外約旦酋長國國王阿布都拉一
世，他同時也是哈希姆王朝的開創者。

所專科學校的普通導師。他們學習土耳其語、鄂圖曼和伊斯蘭歷
史、地理學、數學和軍事科學。作為年輕人，胡笙的兒子們身穿
歐式服飾，並很容易熟悉鄂圖曼首都的生活方式，他們休閒時光
大部分在住家的附近度過，偶而釣魚巡遊，或狩獵聚會。在全家
返回漢志之前，三個兒子都與三個堂姊妹結婚。

　　阿布都拉長大後特別羨慕家庭溫暖，也特別體貼他的親人。
他是個生性善良，散播好心情的人，而且小心謹慎，絕不用言行
冒犯別人。他完全意識到自己身為謝里夫的特殊身分，他愛講排
場，但同時也能自嘲，這在同年代的阿拉伯人之中是罕見的性格。
不論是嬉笑怒罵還是正襟危坐，他總是風度優雅。1917 年勞倫斯
在吉達第一次見到他時，發現他是令人愉快的人，矮胖甚至有點
臃腫，但印象最深的還是他的「聰明」。勞倫斯寫道：

　　　　阿布都拉騎著一頭白色母馬溫和地走到我們跟前，周圍跟

著一群穿戴華麗的奴隸，他穿過寧靜的城鎮，沿途人們向
他致敬。他因在塔伊夫的成功趾高氣揚，我猜想他經常都
樂觀愉快。他眼睛流出堅定的目光，雖然他僅有三十五歲，
且正在發胖……生活對他而言是愉快的。他個頭矮、結實、
皮膚白皙，留著經過精心修剪過的棕色鬍鬚，遮住他那圓
潤光滑的臉和薄薄的嘴唇。他行為方式率直，或假裝率直，
在熟人面前很可愛。他不講究客套，但用最容易的方式與
所有來客開玩笑。然而，當我們步入正題時，他幽默的面
紗似乎退去，他說話用詞準確，辯論精彩。

　　阿布都拉年輕時在伊斯坦堡就開始對政治感興趣。他性情開
朗，對人友善，與同伴志趣相投，易於與人對話溝通，知道很多
常識和逗趣的故事，總是以阿拉伯諺語來證明自己的觀點。雖然
他只會講阿拉伯語和土耳其語，但他的傳統文化基礎深厚，是阿
拉伯政治與文化的百科全書，他腦子裡貯藏了無窮無盡的歷史和
文學知識，讓戛然而止的對話又繼續進行。像他的父親一樣，他
對大是大非問題堅定不移，但在爭論中一樣機動靈活，取捨自如。
雖然他嚴格遵守宗教傳統，遵守社會的行為規範，但他基本上是
一個寬容而不狂熱的人，他在很多問題上持開明思想。

　　阿布都拉的父親與他性格相反，謝里夫胡笙是堅強而固執的
人，父子之間個性衝突太明顯。父親固執己見，絕不妥協，而兒
子接受現實，擇善而從。從這一點上講，他是樂觀的宿命論者。
阿布都拉敬畏父親，以孝子之心、虔誠之意，遵從父親的心願，

甚至在他不同意父親的看法時，也是如此。

然而阿布都拉有點嫉妒他的兄弟阿里和費沙爾。他們總是與父親更親近，更受寵愛。阿里的處境是可以理解，因為他具有長子與生俱來的特權。再者，他自幼性情孤獨，性格軟弱，且身體孱弱。三十五歲時，他已身患肺結核，面帶菜色，總是一副疲憊不堪的樣子。

對費沙爾則是另一種情況。除了深受父親寵愛以外，他還有阿布都拉所缺乏的那種討人喜歡的吸引力，其主要原因是兩兄弟外貌和性格差異。費沙爾具有男子氣概，身著阿拉伯服飾時尤其相貌堂堂，一表人才，他大而有神的眼睛具有王者風範，能喚起人們的自信心。雖然只是中等個頭，但因為瘦而顯高。勞倫斯認為其外交和軍事才能不亞於阿布都拉，但他身上機智多於幽默，而且愛發脾氣。

1913–1914 年，他和費沙爾同為漢志的代表，坐在鄂圖曼的議會裡，逐漸認識來自其他阿拉伯地區的代表，談論阿拉伯民族的希望和理想，兄弟倆也逐漸接受這些思想。然而，在面對聯合進步黨強加給阿拉伯人的攻擊和傲慢，他們幾乎別無選擇。

兩人都有政治野心，但阿布都拉的雄心壯志總是表露無遺，他具有透明而坦率的個性。哥哥阿布都拉以真摯的態度在阿拉伯傳統的政治圈中開闢道路。城市中的新生代——那些知識淵博而充滿著雄心和理想的人，成為弟弟費沙爾獨占的依靠力量。這些自我意識強，急於出風頭的人沒有耐心聽阿布都拉在客廳談論歷史、政治、宗教和文學，也對他在華麗而優雅的禮儀中尋歡作樂

感到反感，而費沙爾則成為阿拉伯民族的理想領導人。他天生小心謹慎，孤僻離群，思想內斂，風格嚴肅，說話溫和，熱情洋溢，這一切讓他成為部下的偶像。他信任和重視知識分子，贏得他們的擁護，是傳說中阿拉伯王子理想形象的具體展現。

　　大家公認反對鄂圖曼的阿拉伯大起義原本是阿布都拉的思想。年輕的謝里夫成長在阿布都‧哈密德專制統治下的伊斯坦堡，他對由末代蘇丹倡導的龐大的鄂圖曼帝國內的泛伊斯蘭大團結印象深刻，並深深為之著迷。那時的鄂圖曼帝國似乎還緊密團結，其阿拉伯和土耳其臣民基於穆斯林信仰，親如兄弟，隨時準備反對外敵，捍衛他們的主權和帝國。然而在 1909 年，「聯合與進步委員會」推翻了阿布都‧哈密德的統治。阿布都拉第一次到大馬士革時，阿布都‧哈密德被廢黜，由其懦弱無能的兄弟取而代之，他第一次在敘利亞首都的年輕貴族之中聽到阿拉伯人不滿聯合進步黨及其政策。1913 年，聯合與進步委員會的軍官直接掌權，在鄂圖曼首都建立軍事獨裁專政。

　　1913 年阿布都拉以議會議員的身分重返伊斯坦堡，他對這裡發生的變化感到震驚。聯合進步黨人對阿拉伯人的態度傲慢專橫，看來兩大民族分道揚鑣只是時間問題。阿布都拉從聯合與進步委員會處理國內外事情的方式看，推測出鄂圖曼帝國大廈將傾倒。越來越多的跡象表明鄂圖曼帝國將站在德國這一邊，參加即將爆發的戰爭。阿布都拉常去埃及，埃及執政「赫迪夫」是他的私人朋友；與埃及聯繫的大部分阿拉伯人確信，如果戰爭爆發，英國會勝，鄂圖曼帝國隨同奧地利和德國必定遭到失敗。阿布都拉審

時度勢，當機立斷。如果謝里夫首先領導阿拉伯人及時與鄂圖曼帝國一刀兩斷，站在英國一邊參戰，戰後就可與戰勝國站在同一邊，而在胡笙的領導下獲得獨立。

1914 年 2 月在以議員身分前往伊斯坦堡的途中，阿布都拉像往常一樣留在開羅拜訪一下他的朋友「赫迪夫」。這一次英國駐埃及開羅代理人克車納勳爵禮貌性地拜訪他，他也禮尚往來，回訪了他。第二次見面時阿布都拉討論了阿拉伯大起義的問題，及英國在這件事中的可能態度，但這位英國代理人的態度難以捉摸，含糊其詞。與英國的聯繫建立，阿布都拉就想盡辦法保持聯繫的管道。1914 年 6 月 28 日第一次世界大戰爆發，土耳其加入同盟國陣營參戰，阿布都拉與開羅的英國當局進行對話，謝里夫胡笙最終也聽從勸告，親自參加英國與家族之間的談判，同時費沙爾處事謹慎，找尋一種與土耳其人妥協的方案，直到 1916 年春才下定決心與鄂圖曼人翻臉。毫不奇怪，大家皆公認阿布都拉是阿拉伯大起義的總工程師，是傑出的政治家。

1917 年勞倫斯從開羅到漢志，他支持費沙爾挺進敘利亞，打擊那裡的鄂圖曼人。事實上阿布都拉的軍事行動更可靠。他確保塔伊夫的土耳其駐軍投降，而同時費沙爾卻沒有攻破麥地那。阿布都拉必須待在漢志，擔任父親的外交部長和陸軍司令，而費沙爾在勞倫斯的陪同下北進敘利亞，最終到達大馬士革，以阿拉伯民族英雄的身分接受群眾擁戴。

費沙爾在大馬士革建立了以他為首的獨立阿拉伯政府，遙尊漢志的胡笙國王為宗主。但在漢志，他的父王情況不妙。他的英

國盟友也是他的主要對手，利雅得的阿布都拉・阿齊茲・沙特的盟友——瓦哈比派軍隊，正在向塔伊夫地區的兩個接近麥加的綠洲逼進，其居民絕大部分是瓦哈比派的同情者。阿布都拉・阿齊茲主動向胡笙倡議和平解決庫瑪－圖賴拜 (Khuma-Turaba) 兩塊綠洲問題，但他的信未拆開便被退回。胡笙國王力排眾議，派兒子阿布都拉率領謝里夫軍隊在 1919 年 5 月中旬攻陷圖賴拜綠洲。瓦哈比派在當地同情者的支持下，兩週之內將入侵者擊退。胡笙的軍隊遭到突然襲擊，死傷無數，阿布都拉僅帶著一百五十名倖存者逃回塔伊夫。對漢志的胡笙王國而言，這是亡國的開始。

返回塔伊夫後，阿布都拉發現他的父親堅決主張以戰爭解決阿布都拉・阿齊茲和瓦哈比派的問題。為達此目的，他與哈伊勒的拉西德家族和科威特的薩巴赫家族秘密結盟，並和剛獨立的葉門宰德派統治者葉海亞伊瑪目有所接觸。因為阿布都拉對阿拉伯政治內幕的熟悉，使他明白父親的策略沒有成功的機會，其中與拉西德人的結盟尤其是前途兇險，但他終究未能成功地制止父親。

除了阿拉伯政策之外，胡笙也在其他方面與英國發生衝突。1916 年 10 月胡笙宣布自己為阿拉伯國王，而英國政府只承認過他為漢志國王，戰後胡笙國王很清楚英國人不會改變初衷。英國人對戰時許諾的阿拉伯獨立故意含糊其詞。他曾經相信英國人的好心好意，但現在這些似乎剎那間煙消雲散。阿拉伯土地被分成英國託管地和法國託管地，種種跡象表明英國意欲兌現〈巴爾福宣言〉，把巴勒斯坦給猶太人。他的兒子費沙爾代表他參加巴黎和會，表示強烈抗議，但無濟於事。胡笙國王看到，費沙爾讓他妥

協退讓甚至準備與猶太人談判巴勒斯坦問題，以換取個人的政治前途。胡笙國王讓英國人知道既然他與英國的戰時同盟已告結束，那麼他決不妥協，除非英國人收回〈巴爾福宣言〉，答應讓阿拉伯地區獨立，並承認他是阿拉伯地區的合法統治者，否則他決不和英國簽訂任何條約，以確保在漢志的統治地位。他的英國朋友反覆懇求他從自己的利益出發，接受妥協的方案，但他對原則問題寧死不屈，毫不妥協。

阿布都拉決定不待在漢志，坐等悲劇性的垮臺。1920 年 3 月 8 日，大馬士革的敘利亞國民大會宣布他的弟弟為敘利亞國王，同樣的會上伊拉克代表宣布阿布都拉為伊拉克國王。在漢志，胡笙國王對費沙爾同意稱王勃然大怒，因為從名義上講，他只不過是父親在大馬士革的總督。阿布都拉沒有宣布自己為伊拉克國王，因為他的王國還控制在英國手中，其命運未卜。

1920 年 7 月，法軍進入大馬士革，費沙爾被迫放棄敘利亞王位，沒有回到外約旦，而徑去歐洲，讓外約旦處於完全混亂的狀態。在漢志，阿布都拉決定從父親的政府中辭職，而前往敘利亞，而非伊拉克。他 10 月離開麥加，率領二千名戰士，從麥地那乘列車北進。漢志鐵路在戰爭期間被炸毀了好幾處，現在剛好恢復使用，但其維修很差勁，機車急需修理。因此從麥地那到外約旦邊界的馬安大約 800 公里路程，就用二十七天才走完。

1920 年 11 月 21 日，阿布都拉到達馬安，這位謝里夫現在擁有埃米爾的頭銜，因為他是國王的兒子，他當時三十八歲，是三個孩子的父親。他的第一個妻子是他的堂妹，給他生了一個女兒

哈雅（得名於曾照顧過他的姑婆），和一個兒子塔拉勒。他在伊斯坦堡娶的土耳其妻子為他生了第二個兒子納伊夫。

　　埃米爾阿布都拉已具有豐富的政治閱歷。他身經百戰，曾反對過阿西爾的伊德里斯王朝，攻擊駐紮漢志的土耳其人，迎戰過內志的瓦哈比派。阿布都拉一到馬安就受到熱烈歡迎，因為這個沙漠城鎮當時屬於漢志王國的一部分。第二天，埃米爾發表聲明，號召大家加入他的大軍，從法國帝國主義的蠻橫控制中解放敘利亞祖國。卡拉克毛卜政府的英國顧問克爾克布雷德未接到英國政府的特殊指令，於是他決定採用「不抵抗的合作」的政策，他和毛卜政府高級議事會的其他成員騎馬出迎，他們在距卡拉克 40 公里卡特拉那車站迎接埃米爾。這樣毛卜民族政府毫無痛苦地死亡，北方其他自治政府下場也是如此。

　　自戰爭爆發以來，在阿拉伯世界廣為流傳一個神話：「英國的金錢川流不息地湧入謝里夫的金庫。」因此戰爭結束後，從阿拉伯各地來的投機分子們聚集漢志，尋找胡笙家族的財富。當埃米爾阿布都拉到馬安時，人們競相傳說他帶了很多錢，或金銀財寶，這激起了很多人的貪欲。然而當真相大白，人們知道埃米爾事實上一文不名時，絕大多數一鬨而散。貝都因人、農民，和曾在費沙爾的敘利亞政府服務的官員、軍官和警察莫不如此。阿布都拉也承認自己兩手空空，一無所有，財力窮乏，捉襟見肘。

　　作為一個天生的樂觀主義者，阿布都拉確信敘利亞人民會跟他走。因為他是謝里夫，寬容而公正、溫和而不狂熱的穆斯林。但主張共和制的阿拉伯民族主義者堅決反對阿布都拉。

　　當時有三種因素助其成功：第一，外約旦的政治權力一片空白，英國對如何管理巴勒斯坦託管地東部舉棋未定。第二，費沙爾失敗後，外約旦殘留下來的阿拉伯民族主義政府名譽掃地，這不只是因為分崩離析，也是因為他們管理無能。第三，阿布都拉有一支可以聽從號令的軍隊，本地尚無其他組織起來的阿拉伯軍隊可以抗衡它。埃米爾阿布都拉堅信他政治上的所作所為一定順民心，最終會得民心，毫無疑問使他具有問鼎政權的合法性。

　　為了實現他的諾言，埃米爾 1921 年 2 月 27 日離開馬安，首先停留在卡特拉那會見克爾克布雷德，再停留在澤澤雅，3 月 2 日最後到達安曼。那時候，安曼只是一個三千人口的村鎮，外約旦人口只有三十五萬。卡拉克地區的毛卜政府不聲不響地解散了，那兒的謝赫們由克爾克布雷德陪同，提前到那兒熱烈歡迎他。同去的還有貝都因部落的酋長以及鹽城和阿杰隆地區的名流顯貴。外約旦的酋長國事實上已經存在，阿布都拉是它的首腦。

　　埃米爾阿布都拉在安曼自立門戶，要求統治整個外約旦，他無意間解決了英國人關於巴勒斯坦託管地的問題。當時的邱吉爾 (Winston Churchill) 是英國的殖民大臣，阿拉伯世界的事務由外交部轉歸他管。1921 年 2 月，在他的指令下殖民部成立特設的中東局，他的阿拉伯事務的主要顧問不是別人正是勞倫斯。

　　1921 年 3 月，邱吉爾下令在開羅開會，會上制訂了英國的中東政策。阿布都拉那時已在安曼，3 月 28 日，他由勞倫斯陪同被邀請到耶路撒冷，拜會了邱吉爾和第一任英國託管地的高級專員赫伯特・薩穆爾 (Herbert Samuel)。他們告訴埃米爾，他可以在英

國託管的臨時保護之下占有外約旦。英國人勸他必須放棄對伊拉克王位的要求，以利於他的弟弟費沙爾。當他強烈要求巴勒斯坦和外約旦統一時，英國人冷淡地告訴他，他們對巴勒斯坦另有安排，他們已把建立猶太民族之家納入議事日程。阿布都拉意識到沒有力量改變現實，就只好承認現實。

1922 年英國在國際聯盟上採取必要的措施，在涉及到在巴勒斯坦建立一個猶太民族家園的〈巴勒斯坦託管條款〉中排除外約旦，即把巴勒斯坦一分為二，約旦河以東為外約旦酋長國，約旦河以西為巴勒斯坦託管地。埃米爾阿布都拉被邀請到倫敦參加會談，把英國對外約旦的託管變成一種特殊的〈英約條約〉。相對地，1923 年 5 月 15 日正式承認外約旦酋長國是一個民族國家，它將在英國駐耶路撒冷高級專員的監管下走向獨立。埃米爾在英國顧問的幫助下統治這個國家。

當 1921 年阿布都拉同意放棄伊拉克王位時，他幾乎不知道他的弟弟費沙爾事實上已被推舉為伊拉克國王。勞倫斯肯定策劃這個陰謀，費沙爾很久以前肯定知道此事，只有阿布都拉一直被蒙在鼓裡。1921 年年底伊拉克最後進行公決，費沙爾在巴格達登基稱王，安曼的阿布都拉不能原諒自己的兄弟為了王位在背後搞鬼。兩兄弟的關係因之緊張起來。

在漢志，胡笙國王知道費沙爾接受英國為他安排的王位時極不高興。費沙爾把整個家族利益置之度外，又在 1922 年與阿布都拉·阿齊茲·沙特達成邊界協定，更令胡笙國王勃然大怒。從那時起，他將不會為兒子作任何事了。但是，胡笙國王對阿布都拉

也相當不滿，嚴厲地斥責他為了統治外約旦而接受英國條款。他認為這些條款割裂了阿拉伯領土的完整性，默認了猶太人在巴勒斯坦的權利。1923 年通過的〈英約條約〉，外約旦正式獨立於漢志，胡笙國王對阿布都拉的怒火更是不可遏抑。

1924 年 1 月，胡笙國王到達外約旦，他對阿布都拉嚴加斥責。接著胡笙國王在約旦河谷建立營帳，自設法庭，接管外約旦的事務，全然不顧阿布都拉的權威和他的英國顧問。有一段時間，英國擔心，這位埃米爾會在孝順服從中下臺，將國家交給他父親。

1924 年 3 月 3 日，伊斯坦堡鄂圖曼哈里發的職位被廢除，胡笙國王立刻表明他想擔任這個空頭職位。兩天後，他在吉達被宣布為哈里發。安曼的阿布都拉竭盡全力支持他父親，表明忠心。

由於胡笙國王急於當上哈里發，加上英國人反覆暗示他：繼續待在兒子的國土上是不合時宜的。所以在月底離開外約旦返回漢志。他返回麥加後，發現他的王國在瓦哈比派接連叛亂下早已分崩離析。同年 10 月，他前往亞喀巴，不久後便被迫放棄王位，傳之於長子阿里。但英國人不同意他待在外約旦，將他流放到賽浦路斯島。隨著他健康的日益惡化，他向英國表示希望能夠死在阿拉伯的土地上，終於獲准返回安曼，於 1931 年與世長辭。他的兒子阿布都拉在他生命的最後幾年陪在他身邊，並為他在耶路撒冷的阿克薩清真寺舉行了皇家葬禮。而費沙爾從未與他父親和解，也未參加葬禮，因為他忙於伊拉克王國事務。

胡笙國王一離開漢志，哈希姆家族的統治就土崩瓦解。他的兒子阿里國王被阿齊茲・沙特率兵圍困於吉達，無處可逃。1925

年 5 月，阿布都拉勸告這位不幸的國王將漢志的亞喀巴和馬安地區割讓給外約旦，英國人也向國王施加同樣的壓力。及時割讓使漢志的這些地區免於阿齊茲‧沙特的占領。阿里無力再戰，就在1925 年 12 月 20 日將吉達的權力交給一個臨時過渡政府，由後者安排把吉達和平地轉交給阿齊茲‧沙特。阿里退位後，直接離開漢志，在伊拉克度過餘生。

第二節　背靠大樹──苦心經營統一國家

1921 年後，阿布都拉創建了一個國家。他剛到達外約旦時，這個地方一片混亂，政府名存實亡。但當阿布都拉抵達安曼後，外約旦的無政府狀態很快結束，一個新生的國家初顯輪廓。不過，阿拉伯世界當時的政治版圖已由一次世界大戰獲勝的協約國所決定，然而埃米爾阿布都拉仍然公開宣布，整個阿拉伯世界基本上是一個統一體。從理論上講，他的父親作為阿拉伯大起義舉世公認的領袖，不僅僅是漢志國王，更是阿拉伯國王。1916 年，胡笙事實上被擁戴為阿拉伯國王，範圍包括阿拉伯半島、敘利亞和伊拉克。

阿布都拉認為敘利亞國王費沙爾只不過是其父阿拉伯王國下屬的行省總督。當他到達敘利亞時，以弟弟代理人的身分自稱阿拉伯副攝政，承認他父親是他合法的國王。而協約國把阿拉伯民族的意願置之不理，先將阿拉伯世界的北部劃分為「占領區」，再劃分為英國託管地和法國託管地，最後再細分成不同的國家。阿

布都拉被迫接受政治現實，阿拉伯大起義的理想付諸東流。

　　堅信阿拉伯祖國統一的阿布都拉，乘火車從馬安到安曼。
1921 年 4 月 11 日阿布都拉在安曼組建第一屆政府，管理約旦河
以東的這些「未分配的地區」，此時的外約旦嚴格說來還不是一個
國家，所以政府被簡稱為「顧問委員會」，後改為「中央政府」。
這個臨時內閣由八名顧問組成，其中三個是「獨立黨」的阿拉伯
民族主義者，絕大部分曾在費沙爾的敘利亞政府當過官。這八名
顧問實為八名部長，其中一個是外約旦的伊爾比德人。第一任首
相被稱為行政秘書長拉西德‧塔里 (Rashid Tali)，是名來自黎巴
嫩山具有紳士風度的德魯茲教徒，曾擔任特區長官和哈馬 (Hama)
督軍，及費沙爾政府的內政部長及阿勒坡督軍。其他六名閣員中，
三人為敘利亞人，二人為漢志人，一人為巴勒斯坦人。獨立黨的
成員有首相拉西德‧塔里，來自敘利亞霍姆斯 (Homs) 的馬茲
哈‧拉斯蘭 (Mazhar Raslan)，另一名是來自巴勒斯坦那不勒斯的
阿明‧塔米米 (Amin Al-Tamimi)。

　　保安部隊的構成與政府的構成大致相同，絕大部分軍官不是
外約旦本地人，而是來自敘利亞、伊拉克和阿拉伯半島各地參加
過阿拉伯大起義的老兵。高級軍官沒有一個外約旦本地人。憲兵
司令阿里夫‧哈桑 (Aref Al-Hasan)，騎兵司令福阿德‧斯里姆
(Fuad Slim) 二人都來自黎巴嫩山區。步兵司令艾赫默德‧伊斯坦
布里 (Ahmad Al-Istanbuli) 來自貝魯特，駱駝軍團的司令伊本‧魯
米赫 (Ibn Rumeih) 則來自內志哈希姆家族。

　　顯而易見，阿布都拉當時想的不是一個外約旦的政府，而是

治理整個敘利亞的阿拉伯政府，這個政府以外約旦為根據地，是漢志胡笙國王的阿拉伯中央政府。事實上阿布都拉並不喜歡外約旦這個名字，這是由英國人發明的名詞，指歸於他統治下的那塊領土。他更喜歡用「阿拉伯東方」這個模糊概念指這塊領土。

只是令阿布都拉失望的是，英國人看法截然不同。英國人認為阿拉伯起義及其理想已成為過去，目前的局勢才是重點。英國人所做的一切就是讓阿布都拉成為外約旦的統治者，讓外約旦成為英國託管地和法國託管地之間的緩衝區，也成為伊拉克和巴勒斯坦、敘利亞和阿拉伯半島之間的緩衝區。無論其領導人是否為阿布都拉，這個緩衝區必須成立。最重要的是，該地區的無政府狀態必須結束，否則，它會破壞英法在本地區微妙而脆弱的關係。自從費沙爾的大馬士革政權崩潰以後，外約旦已成為敘利亞的阿拉伯民族主義者的主要避難地，也是反法活動的大本營。法國也針對此種情形，以敘利亞託管地為根據地，在外約旦北部尋求政治失意，或追求私利的村里謝赫與部落酋長的支持。英法託管地之間準確邊界線尚未劃定，法國利用這點混水摸魚。外約旦南部各部落同樣圖謀不軌，開門揖盜，邀請瓦哈比派攻城掠地。

起先北部形勢逼人。在同意阿布都拉建立臨時政府接管外約旦之前，英國已經向他講明一點：「如果他想守住這個國家，他必須保證把本地管制得井井有條，而且使本地不得成為反法活動的基地，以免英國尷尬難堪。」作為政治現實主義者的阿布都拉，懂得有必要聽從英國政府的指令，但他同樣意識到他不能對英國百依百順、事事聽從，因為這將很容易得罪構成外約旦政治官僚

主體的阿拉伯民族主義者。他們肯定知道阿布都拉地位的脆弱及妥協的必要，但沒有幾個人願意設身處地為阿布都拉著想，並幫助他。事實上那些人固執己見，推行強硬的阿拉伯民族主義路線，目的在於讓阿布都拉信譽掃地，讓他尷尬難堪，因為他們深知英國人將從另一邊向他施加壓力。阿布都拉被迫採取折衷辦法以爭取時間，他想兩邊討好，結果卻落得裡外不是人。

1921 年，英國外交部爭論是否讓阿布都拉繼續統治外約旦，送給倫敦官方的反面情報將他描繪成「騙子」、「懶蟲」、「愛好享樂」、「不講道德、奢侈浪費」、「沒精打采、毫無用處」、「無所事事、懶惰成性」。正面報告則以居高臨下的口氣說他是「統治約旦的理想人選」、「如果英國能找到一個合適的人去控制他，那麼阿布都拉至少是過得去的」。如果阿布都拉懶惰而聰明，他可作一個有名無實的統治者。而報告不斷給英國政府敲警鐘，作為一個具有政治野心的人，阿布都拉不可能長期滿足於作個有名無實的傀儡。如果允許他待在外約旦，那麼最基本的是選派一個合適的英國軍官監視他，以控制他的政治野心。

阿布都拉的政治經驗和政治智慧告訴他，英國需要他的合作，他也需要英國支持，這二者同等重要。如果阿拉伯人要求過分，就勢必與英、法帝國主義發生衝突，其弟費沙爾與法國衝突就是前車之鑒。阿拉伯人要獲得任何成功，必須找出特定的方法和手段，使阿拉伯人的要求與英法的利益相一致。阿拉伯民族主義者批評他比英國人還英國人。但是他不在乎這些批評，這些人不承認這個格言：「政治是可能性的藝術。」其弟正因為屈從於這些人

的影響才喪失了敘利亞的王位。

　　為了把外約旦變成一個國家，阿布都拉需要英國三樣東西——金錢、軍事援助和友好親善。其餘的事他自信能自己做好，沒有英國的忠告或干預會更好。到 1926 年，他不能離開阿拉伯民族主義者，一則因為在他的統治下他想維護外約旦「任何阿拉伯人的國家」的形象；二則因為當時受過教育適於擔任公職的外約旦人為數不多。為了彌補外約旦行政人才的缺乏，他不得不在巴勒斯坦人中尋找目標。

　　然而，如果把本地區組建成一個國家，最後不得不依靠本地的外約旦人。首先在建國的過程中，就要勸說有權有勢的貝都因酋長和村里中的謝赫起來幫助他。不過其中也有一些人要使用暴力才行。對其他人則好言相勸，減少懷疑，精誠合作。

　　阿布都拉對阿拉伯部落的深刻理解是基於他長期的經驗。他首先知道部落中最重要的原則是非常重視個人和集體自尊。他只要依這個原則行事，必能立於不敗之地。阿布都拉深知阿拉伯部落是一個固執的平等主義者。部落社會中底層的人自認為與最高統治者完全平等。同時，國家這個抽象概念並非與他們水火不相容，不管他們是否能從長期的混亂中得到多少好處，他們仍然意識到有序的政府會提供一種更好的生活，前提是要考慮到他們那粗魯而樸實的感受。如此一來，他們就會接受政治權力的合法性，承認行使權力的人是政治上的領袖而非社會上的平等成員。如果一個統治者從開始對其部落臣民的行為是政治的上司同時又待其平等，那麼他得到的回報將是無窮無盡的。

從到安曼的那一刻起，阿布都拉的目的就很明確：他要牢牢統治整個外約旦，呼籲本地所有的部落酋長承認他的權威，服從他的號令。那段時間他從不講究客套禮儀。在 1925 年拉杰哈丹宮建成之前，阿布都拉沒有永久住所，居住在臨時簡樸的房子裡，本地的權貴隨時都能拜見他。這種生活方式為他贏得這些家族和城市權貴的永久友誼，他們對於能夠作他的客人感到很榮耀。阿布都拉按貝都因人的方式在曠野的帳篷裡度過一年之中多半時間。冬天，他把帳篷搭在鹽城山下果爾河谷的舒那村外。夏天，他把營帳移到馬達巴平原，或安曼城外馬卡的山頂。不論在什麼地方安營紮寨，他總是按傳統的部落方式開庭，不太重視繁文縟節，有時與前來拜訪他的部落謝赫一起參加戶外遊戲，這讓英國人和獨立黨之中的阿拉伯知識分子認為他的行為輕浮。正是這種不拘禮節讓阿布都拉成功地贏得部落臣民的忠心，教會他們欣賞有秩序的政府的好處。

埃米爾首先訓練部落謝赫們聽從王室權威，讓他們意識到王室恩寵的好處。其方法是冷落那些不聽管教的謝赫，挫其傲氣，使其置於困境，迫使他們求見埃米爾。對於這些申請拜見者常常藉口忙碌拖延時日，讓其焦慮不安，再允許在不易準時赴約的時間召見，例如旭日東升之際。為了不錯過約見，謝赫們得長途跋涉，於夜間穿過崎嶇的沙漠，到達目的地時自然昏昏欲睡，滿身征塵，衣冠不整，樣子難看。而此時，埃米爾已休息了一夜，作完晨浴，完成祈禱，身穿一塵不染的袍服，頭戴精心纏摺的頭巾，容光煥發，光彩照人。溫文爾雅的主人和匆匆忙忙的客人外表上

形成鮮明的對照。埃米爾以友好而謙恭的態度接待來訪的謝赫，傾聽他們訴苦抱怨，答應實現他們合理的要求，並替他們伸冤解恨。經過這次拜見的磨練之後，謝赫回去後便讚美埃米爾的大恩大德及禮賢下士。

1920 年夏，自從費沙爾政權垮臺後，外約旦一些地方叛亂不息，阿布都拉懷疑英國人暗中搞鬼，因為英國人不願看到阿布都拉靠自己的力量就順利地接管這個地方。下面講的庫拉叛亂就是個明顯的例子。

庫拉 (Kura) 從地理上講包括伊爾比德的東部山區。在這裡，自 1920 年以來當地最有權勢的謝赫庫勒卜 (Kulayb) 就自立門戶，據地稱王，他得到大馬士革法國當局的支持與鼓勵，繼續割據獨立。1921 年 4 月第一屆安曼中央政府組成，宣布庫拉劃歸伊爾比德行政區，庫勒卜拒絕接受這種安排，其原因純粹是個人恩怨：庫勒卜和沙拉伊里 (Sharayiri) 之間的長期爭鬥。當庫拉第一次發生叛亂時，沙拉伊里是伊爾比德阿杰隆政府的首腦，而現在沙拉伊里則是安曼的安全部部長。作為中央政府的成員，他極力主張扼制庫拉強人庫勒卜的野心。另一方面，庫勒卜得到在當地村民的強大支持，他們都痛恨沙拉伊里和伊爾比德城的居民。庫勒卜要求將庫拉從伊爾比德分出，獨自建立一個行政區，他們將請求直送安曼中央政府。

中央政府自然不能答應這個要求，因為這個破例會為外約旦那些蠢蠢欲動、躍躍欲試的酋長開關先河。如果國家要大治，庫拉就必須歸屬於伊爾比德，即使這意味著武裝衝突也不在乎。當

時政府初創，急需金錢，這意味著要立刻徵稅。安曼當局發出的通告：為了確保庫拉的人不抵制伊爾比德派去的稅吏，就派一隊當地憲兵去保護稅吏。

憲兵未到庫拉，其副司令就在與當地村民的衝突中被殺，憲兵部隊隨即撤回伊爾比德，庫拉的欠稅當然無法也就徵繳。中央政府立刻命令騎兵司令福阿德·斯里姆增派兵力，征討叛亂。庫拉人民對騎兵進軍十分警惕，他們伏擊來犯之敵，將其打得慘敗。進攻者之中至少十五人被殺，騎兵司令福阿德·斯里姆更成為階下囚。

不能憑武力降服庫勒卜，中央政府被迫與他談判，以求釋放被俘的騎兵官兵，庫勒卜答應釋放戰俘。當政府進一步要求庫拉的叛亂者為殺人而負責時，遭到斷然拒絕。經過數次的談判，最後決定按部落傳統習慣辦事，庫拉人民歸還從政府軍那兒奪取的戰利品，如馬匹、武器等，且必須付賠償金給戰鬥中被殺的軍官和士兵的親戚。但這項決定並未完全執行，戰利品確實歸還了，賠償金則未給付。

為了挽回面子，阿布都拉決定恢復個人外交，宣布他想正式訪問庫拉。中央政府無能，無法依靠武力鎮壓當地叛亂，這已成眾人皆知的事實，掩耳盜鈴，自欺欺人，徒勞無益。但埃米爾堅信他還可用個人聲望力挽狂瀾。他的判斷是正確的。叛亂領導對埃米爾親臨前線安撫他們十分高興，埃米爾一到，他們急忙去觀見，馬上宣布他們屈服歸順。埃米爾也相應地胸懷博大，大赦謝赫及其部下。同時，改組安曼中央政府，把沙拉伊里開除出內閣，

這無疑使庫勒卜十分滿意。

　　整個外約旦，中央政府無力鎮壓庫拉叛亂的謠言四處傳播，其他地方發生連鎖反應，叛亂接連不斷，徵稅難上加難。安曼的財政部囊空如洗，外約旦無力組建和維持足夠的軍隊。到 1921 年夏，外約旦安全部門因為薪水遲遲未發很多人辭職或放棄軍職。解決問題的唯一辦法就是要求英國資助。然而，英國只有控制了外約旦之後才肯出錢。

　　為了讓阿布都拉俯首聽命，英國從另一方面對他施加壓力。1921–1925 年間外約旦的埃米爾面臨的最大威脅是：瓦哈比派不斷由內志侵犯外約旦南部，而埃米爾對此無能為力。英國在安曼附近的馬卡保留了一個軍事基地，其中包含一支小型空軍部隊，這支部隊原本可以輕而易舉地擊退瓦哈比派，確保南部邊界。然而剛開始他們似乎不慌不忙，慢慢吞吞，對阿布都拉的求救視若無睹，置若罔聞。在他們同意出兵干涉前是要討價還價的。阿布都拉不得不遠離獨立黨的民族主義者，轉而接受英國的控制。當時正是這些民族主義者管理著他的政府，指揮著他的保安部隊。

　　為了遷就英國人的要求，阿布都拉勸拉西德・塔里辭去首相之職，並任命英國人不太討厭的獨立黨成員馬茲哈・拉斯蘭為新內閣的首相（第二位政府首相）。他也同意接受英國軍官弗雷德里克・皮克 (Frederick Peake) 上尉為武裝部隊總司令和軍隊財務總監。

　　除了現存的軍隊以外，皮克還召募了七百五十名後備軍；第二年，後備軍剛剛完成集訓，庫拉又在醞釀叛亂。這一次英國願

意出動空軍轟炸庫勒卜的要塞，同時皮克率領新組建的後備軍進攻庫拉，大獲全勝。庫勒卜無招架之力，逃離庫拉，到巴爾卡的貝都因人部落尋求避難，他的親信扈從被俘並受到審判。阿布都拉未干預審判，俘虜被判處應得的徒刑。

庫拉叛亂尚未平定時，另一個麻煩開始出現。阿布都拉抵達安曼以來，就一直對巴奴‧薩克赫爾 (Banu Sakhr) 的貝都因酋長菲葉茲 (Fayez) 寵愛至極，與這個部落長期爭戰長期為敵的是阿德萬貝都因人，其部落酋長蘇丹‧阿德萬 (Sultan Al-Adwan) 對自己的對手平步青雲懷恨在心，自然對阿布都拉心生怨恨。再者，蘇丹‧阿德萬不滿足僅作自己部落的酋長，他想當巴爾卡貝都因各部落的盟主，挑戰巴奴‧薩克赫爾部落在家鄉的支配地位。

阿布都拉非常看重菲葉茲的友誼，因為他一到安曼，菲葉茲是第一位來歡迎他的巴爾卡部落酋長。內志瓦哈比派的威脅依然存在，培植巴奴‧薩克赫爾貝都因人的忠心至關重要，因為這個部落的屬地在安曼周圍，靠近阿拉伯半島中部的內陸沙漠，是應對瓦哈比派侵犯和進攻的前沿陣地，當然阿布都拉也不希望顧此失彼，疏遠阿德萬人。阿布都拉正式拜訪這個酋長，試圖安慰他，但遇到粗暴的拒絕。蘇丹‧阿德萬摔碎了阿布都拉喝咖啡的杯子，歡迎儀式不歡而散。

蘇丹‧阿德萬反對阿布都拉及其部落政策，使他得到意想不到的支持，伊爾比德、鹽城和卡拉克城裡那些受過教育的青年人支持他，他們開始批評阿布都拉的獨裁統治，強烈要求民主制度。1923 年英國政府承認外約旦存在一個獨立政府，但規定這個政府

必須是代議制的立憲政府。城裡新一代知識分子有英國的暗中支持，就強烈反對埃米爾及其政府。阿拉伯世界的媒體也隨聲附和，他們要求立即頒布憲法，選出外約旦議會，這可以讓本國真正國民取代在政府任官的外來戶，外約旦的知識精英從反對獨裁角度出發反對阿布都拉，蘇丹‧阿德萬從反對國家統一角度出發反對阿布都拉，二者聯手結盟，蘇丹‧阿德萬信心倍增，膽子更大。

1923 年 8 月，蘇丹‧阿德萬率領武裝隊伍進軍安曼。表面上迎合大眾呼聲，要求埃米爾建立立憲的議會制政府，但實際上是要求解決自己部落的財政困難，以表明阿德萬人是巴爾卡地區的真正主人。當時政府倉卒應付，沒有取勝的把握，阿布都拉求助無門，只得接待這位酋長，傾聽他的要求，答應給他們照顧。為了避免局勢進一步惡化，阿布都拉解散徵收欠稅的政府，新政府一成立，就立刻廢除這些追繳欠稅的法令。

阿德萬人違抗政府，起兵造反不可能不受懲罰，否則叛亂不斷，國將不國。首先，阿布都拉逮捕了外約旦的三名官員，因為他們是阿德萬人的同謀，將他們送上法庭，控告他們陰謀反對國家。蘇丹‧阿德萬擔心大難臨頭，決定先發制人，傾巢而出，進軍安曼，占領了兩座憲兵哨所，控制首都的西大門。這一次政府軍在皮克的指揮下作好準備，嚴陣以待，激烈的戰鬥在城外展開，阿德萬人兵敗如山倒。被俘者受到嚴懲，流放到漢志，蘇丹‧阿德萬及其兒子逃之夭夭，避難於敘利亞。1924 年 3 月，政府允許蘇丹‧阿德萬返回家鄉，他們開始規規矩矩。

庫拉叛亂和阿德萬叛亂使阿布都拉認識到一支強有力的軍隊

對國家的重要性。沒有軍隊,國家便沒有權威。1926 年,瓦迪‧穆薩的村民拒繳欠稅,攻占當地憲兵哨所,洗劫了當地政府衙門,阿布都拉派裝甲車協助政府軍鎮壓那裡的叛亂。1926 年以後,外約旦逐漸建立法律和秩序。

　　阿拉伯民族主義者的尖刻批評,外約旦城市精英的強烈反對都未能阻止阿布都拉的成功,到 1926 年,阿布都拉已把外約旦建成政治上初步穩定的埃米爾國,對各地及各部落的領導體制已經建成,他的權威已經樹立。只是外約旦及埃米爾付出的代價是更加依賴英國。不過值得一提的是埃米爾富於政治智慧,他心胸寬大,把從前的敵人一個又一個化為他的忠心朋友和政治同盟。

　　1922 年 10–11 月阿布都拉應邀訪問倫敦,這次訪問的結果促成英國於 1923 年 5 月 25 日正式宣布「外約旦在埃米爾阿布都拉殿下的領導下有一個獨立的政府」,埃米爾認為在這大喜的日子正是宣布大赦叛亂分子的好時刻。在慶祝典禮上阿布都拉宣布大赦庫拉的叛亂者。那時,阿布都拉的父親仍是漢志國王,聲稱外約旦是他王國的一部分。英國也把這一地區看成是他們託管地的一部分。為了不冒犯父親,阿布都拉沒有明確地表示外約旦獨立於巴勒斯坦託管地,如果明確這個概念,那就意味著他父親對外約旦統治的結束。 1923 年英國正式承認阿布都拉是外約旦的埃米爾,這個國家仍然含糊地被稱為「地區」,而不是「酋長國」。

　　在倫敦談判中,英國答應為外約旦與北邊的敘利亞、與南邊的沙烏地王國確立一個合適而安全的邊界線。英國答應每年給安曼政府十五萬英鎊津貼,外約旦也答應了英國一些財政、政治和

軍事方面的要求。外約旦的各種武裝力量整編為一支軍隊，歸弗雷德里克‧皮克指揮。這支軍隊叫「阿拉伯軍團」，從名字上照顧了埃米爾的「泛阿拉伯主義」情緒，外約旦的軍隊慢慢地不再依靠阿拉伯大起義的老兵來領導。

皮克一直指揮著阿拉伯軍團，可是他不喜歡阿布都拉。他不贊成阿布都拉的統治方式，總是盡可能影響英國託管當局反對他。像是 1924 年，皮克甚至逼迫阿布都拉離開外約旦，那時的埃米爾繞過皮克直接接受英國的指令，挫敗了皮克的圖謀。一直到 1939 年皮克才卸下了管理阿拉伯軍團一職。

在阿布都拉統治外約旦的前期，他與英國顧問之間關係難處。第一位來安曼的英國顧問是阿爾伯特‧亞伯拉姆遜 （Albert Abramson，1921 年 4–11 月），他先在巴勒斯坦的希伯倫任督軍，後任土地委員會主席，後來因不適任這個職務被解雇。亞伯拉姆遜有點同情阿布都拉的困境，很不願意為難他。他在報告中說阿布都拉是「可愛的、體貼人的、慷慨大方的、單純的、直率的，但也是極為深沉的、有心計的，有時情緒低落，缺乏耐心」。第二位英國顧問是來自伊拉克的約翰‧布里治‧菲力比（John Bridger Philby，1921 年 11 月至 1924 年 4 月），此人能力超群，曾在英國印度政府中當過官，後來皈依伊斯蘭教，依附伊本‧沙特。此人具有多方面的才能，精通阿拉伯語和阿拉伯民間文化，但喜歡爭論，固執己見，器量狹小。剛開始，埃米爾和這位新顧問關係友好。每天辦公完結後，他們在一起下棋，或者談論輕鬆話題，如阿拉伯歷史、阿拉伯文學、部落口頭傳說或阿拉伯諺語。然而隨

著時間的推移，菲力比的氣量狹小實在令人難以忍受，以至於埃米爾對他失去了耐心，兩個人最終無話可說。這意味著菲力比不得不走人。菲力比好為人師，喜歡對約旦專務指手劃腳，因此不論大事小事，都與埃米爾爭長論短，針鋒相對。他指責埃米爾管理無能，他下定決心消除政府和安全部隊中的阿拉伯民族主義者。他精通阿拉伯語，容易與埃米爾的政敵——城鎮中的知識分子——勾結，一起為難埃米爾。例如，他使城鎮知識分子與阿德萬貝都因人結盟，導致了 1923 年阿德萬叛亂。第三位英國顧問是亨利・福特南姆・考克斯中校（Henry Fortnam Cox，1924 年 4 月至 1939 年 3 月），他是巴勒斯坦那不勒斯地區總督，戰前曾在蘇丹服役。他似乎把自己的地位想像成殖民地總督。從 1924 年 4 月至 1939 年 3 月，阿布都拉極不愉快地與他合作了十五年。

考克斯中校下決心約束埃米爾的權力，與皮克合謀將他趕出外約旦。那時安曼政府的首相是哈桑・哈立德・阿卜勒・胡達 (Hassan Khalid Abul Huda)，他是埃米爾在伊斯坦堡少年時代就認識的忠誠可靠的老朋友。考克斯立刻迫使哈桑・哈立德辭職，代之以大馬士革人阿里・里達・里卡比 (Ali Rida Al-Rikabi)。

阿布都拉和里卡比相互討厭已是公開秘密。阿布都拉是在 1910 年認識里卡比的，當時他任鄂圖曼在漢志的麥地那總督。在那一年，聯合進步黨已決定結束麥加埃米爾行使的傳統權力。阿布都拉在回憶錄中清楚表明，第一次見面，他就發現里卡比令人難以滿意。那時，里卡比雖是阿拉伯人，但拒絕講阿拉伯語，只講土耳其語。1916 年漢志阿拉伯大起義爆發時，里卡比是鄂圖曼

帝國的大馬士革市市長；當鄂圖曼人敗退時，他搖身一變，又效忠費沙爾，成為阿拉伯民族主義社團「盟約黨」的主要成員。費沙爾隨即任命他為大馬士革的督軍。而費沙爾被法國驅逐以後，他仍待在大馬士革。顯而易見，他又投靠法國了。他狡兔三窟，為了多一條政治出路，又與巴勒斯坦的英國人保持聯繫，英國人則以他作為聯繫敘利亞的法國人的本地中介。

1921 年 6 月發生的事件使里卡比成為英法之間的聯繫中介。那時法國駐貝魯特的高級專員亨利・古饒將去敘利亞南部視察，在靠近外約旦的邊界，他的車子陷入阿拉伯民族主義者的埋伏之中，一名隨行的法國軍官被殺。法國堅持要阿布都拉政府為此事負責，這引發了耶路撒冷和大馬士革之間的英法危機。當危機快解決時，里卡比突然出現在安曼，耶路撒冷的英國當局為了討好和安撫法國人，讓阿布都拉第一次任命他為外約旦政府首相（1922–1923 年）。菲力比和皮克都認為里卡比是合適的人選。當他第一次任首相期滿時，他兩頭討好，英法皆大歡喜。當時確實有一種推測，他是比阿布都拉更合適的外約旦的統治者。

在菲力比離任後，為了繼續控制阿布都拉，皮克當機立斷，立刻勸告考克斯再次任命里卡比為外約旦的首相，這又讓阿布都拉痛苦了二年。里卡比在 1924 年至 1926 年 6 月任職期間，處處貶抑阿布都拉，讓他威名掃地。那時英國下決心從財政和行政上控制埃米爾。里卡比心甘情願，俯首聽命，阿布都拉似乎顯得固執己見，不易馴服。同時，里卡比老謀深算，老奸巨滑，他千方百計在外約旦和阿拉伯世界樹立他個人的形象——他是一個強有

力的首相，在安曼盡最大可能頂住英國的重重壓力，而同時「軟弱」的埃米爾不惜一切代價，殫精竭慮保其王位，使自己成為英國手中的傀儡。那時，考克斯和皮克在里卡比的縱容和默許下，徹底清算在外約旦政界和軍界的所謂「外國人」──阿拉伯民族主義者，阿布都拉雖然強烈反對，但於事無補。然而里卡比巧妙地迴避了在清算中應得的責罵，在阿拉伯世界，阿布都拉的政敵搖唇鼓舌，異口同聲地指責埃米爾在清算中軟弱無能。

1928 年 2 月 20 日簽訂〈英約協定〉以前，外約旦只是一塊託管地，現在正式成為「酋長國」。在耶路撒冷談判期間，駐安曼英國顧問──現在是亨利・考克斯爵士──的正式頭銜從英國首席代表改為英國駐紮官，但他的權力仍然很大，一如從前。根據 1928 年協定的條款，英國繼續控制外約旦的外交、軍隊、交通通信及國家財政，作為交換條件，英國每年為外約旦提供津貼。外約旦的唯一收穫是在協定中將外約旦與英國的關係成文化、固定化，而從前英國隨心所欲處理與外約旦的關係。儘管這些條款滿足了英國的所有要求，但它畢竟是遊戲規則。像任何有規則的遊戲一樣，這個協定仍然留下了靈活操作的空間。

根據 1928 年協定，英國需要為外約旦提供一部憲法，以表明它是一個「獨立的政府」，這部《憲法》已在 1923 年由英國人制訂。那時安曼政府仍由獨立黨控制，民眾特別是知識階層強烈要求立憲，這場鬥爭塗上外約旦人敵視掌權的外來阿拉伯人的強烈色彩。阿布都拉擔心，在這種環境下，過早引進代議制會為反對派所利用，危及自己的統治。正是基於以上考慮，《憲法》未能頒

布實施。

到 1926 年，獨立黨人在安曼大勢已去，大權旁落。英國軍官指揮的軍隊已清除了外來的阿拉伯分子，與阿布都拉的願望相反，外約旦已不再是一個所有阿拉伯人的國家。1927 年 3 月，外約旦第一個政黨——人民黨成立，在〈英約協定〉談判的關鍵時刻，他們強烈要求建立代議制。這個政黨是城市知識分子和傳統權貴的聯盟，它自稱是泛阿拉伯主義政黨，強調反對巴勒斯坦的猶太人的野心，但其綱領完全是代表地方的狹隘利益。人民黨的領袖希望耶路撒冷的談判會導致外約旦的獨立。然而在公布〈英約協定〉時隻字未提外約旦獨立，他們立刻在首都和大城市掀起示威浪潮。學校學生首次響應政治領袖的號召，走上大街，高聲呼喊，反對阿布都拉和英國。

埃米爾對這種明目張膽的叛逆極為憤怒，同時他也明白該讓政治上的反對派參政議政了。1928 年 4 月 16 日，《憲法》頒布，規定產生的議會叫立法委員會，其權力主要是諮詢性質的。在立法委員會的二十一名成員中，十四名由選舉產生，其餘七名由任命產生，這七個人包括首相、四名政府部長、一名南方的部落代表、一名北方的部落代表。政府對埃米爾負責，埃米爾任命首相，還可罷免首相。為了實施憲法，1929 年 2 月舉行選舉，第一屆立法委員會產生。反對派開始抵制選舉，繼而又參加選舉。他們在立法委員會贏得發言權，等於認同他們原本斥責的〈英約協定〉。

〈英約協定〉締結以後，皮克對阿布都拉的態度開始變得溫和。最後，埃米爾看到他離任時很傷心。第四位英國顧問是阿列

克·克爾克布雷德。此人欽佩阿布都拉,欣賞他的統治方式。他們第一次見面是 1920 年在卡特拉那火車站,自那以後埃米爾對他一直有好感。克爾克布雷德一直留在安曼,與阿布都拉相伴。1946 年後,他成為約旦獨立王國的第一位英國籍政府首長,後來成為英國駐約大使,1951 年阿布都拉被暗殺後他才離開這個國家。

1930 年在阿拉伯軍團之中建立沙漠部隊,以防止外約旦的部落四處騷擾。英國軍官約翰·巴高特·格拉布 (John Bagot Glubb) 應召從伊拉克來組建並領導這支軍隊,阿布都拉對他很滿意。格拉布比其他英國人更熱愛阿拉伯部落。同時,他是阿布都拉一個忠心耿耿的職業軍官,他運用他對部落的影響支持埃米爾,而不像其他英國軍官那樣慫恿部落陰謀反對埃米爾。當皮克最後辭去阿拉伯軍團總司令時,格拉布取而代之。

阿布都拉為了外約旦的政治統一付出了慘重的代價。埃米爾為確保在國內的地位不得不向英國作出了許多讓步,這玷污了他泛阿拉伯主義聲譽。阿拉伯民族主義者幾乎沒有人願意承認阿布都拉向英國人讓步妥協是迫不得已,而不是出自自由選擇。一開始這些民族主義者對阿布都拉的期望就超過了他的能力。他們希望外約旦成為民族主義活動的溫床,以對付敘利亞的法國人,然而當時英國並不允許這樣作。阿布都拉在處理棘手問題時手法高超,圓滑老練。然而大多數阿拉伯民族主義者堅持認為埃米爾為了不可告人的勾當犧牲了原則。而事實上,他別無選擇。

外來的阿拉伯民族主義者被趕出外約旦政界和軍界,部分原因是英國加緊控制埃米爾的結果,部分原因是本地外約旦人施壓

的結果。從 1923 年起，部落酋長和城市知識分子反覆強調一個原則「外約旦是外約旦人的外約旦」，「外國人必須走開」。當這些「外國人」走完後，很多不當官或失寵的外約旦人開始以阿拉伯民族主義原則批評埃米爾和他的政府。那些失去官位的阿拉伯民族主義者也要阿布都拉為他們的遭遇負責，並不時地在國外反對他。阿拉伯民族主義者指責阿布都拉軟弱無能、妥協退讓。他們批評埃米爾時未能考慮他當時的處境。當時考克斯是他的顧問，里卡比是他的首相，皮克是他的軍隊總司令，他的手腳可以說是完全被綑住。

阿布都拉從未認真對待這些吹毛求疵，而這些民族主義者也不準備理解或接受他們所強加的政策的後果。假如阿布都拉對他們言聽計從，他能否成功地建立一個國家？這是值得懷疑的事情。對他而言，從原則上講，只要外約旦仍在哈希姆家族的合法統治之下，不管別人怎麼說，外約旦就是一個真正的泛阿拉伯主義的前沿陣地。

〈英約協定〉於 1928 年開始生效，1934 年修正。根據協定，外約旦可以在鄰近的阿拉伯國家派駐領事代表，至於其他走向政治獨立的要求，在當時則是被擱置。1928–1933 年，外約旦全境進行了土地登記。1933 年 3 月，在丈量的基礎上通過了有關統一地租的法律。1926–1935 年十年內，建築了約一千二百公里的道路（其中包括柏油馬路和鋪砌的路五十多公里）。地主們開始在農業中使用拖拉機、播種機及其他農業機械，種植香蕉、柑橘、棉花和甘蔗，並向國外市場出口這些產品。英國和猶太人投資的「巴

勒斯坦電力股份公司」利用約旦河的資源，巴勒斯坦氫氧化鉀有限公司開發死海資源，伊拉克石油公司鋪設了從吉爾庫克通過巴勒斯坦和外約旦到海法的輸油管。外約旦在國家和現代民族形成的過程中出現了經濟現代化的萌芽。

第三節　趁火打劫──王國版圖跨河兩岸

一、第二次世界大戰前後的外約旦

英國一參加第二次世界大戰，阿布都拉馬上打電報給英國政府，表示自己完全支持大英帝國。同時，外約旦國內實行戒嚴，阿拉伯軍團總司令格拉布獨攬軍權。由於英、法在中東有大量的駐軍，增加了對外約旦農產品的需求，使得外約旦的小麥、扁豆和大麥產量增加。安曼也成為敘利亞、巴勒斯坦、伊拉克和沙烏地阿拉伯進口商品的轉運貿易中心。法國投降後不久，英國外交大臣安東尼·艾登和中東英軍司令威菲爾將軍立即到安曼。他們答應給阿拉伯軍團提供武器，建議擴大軍團的編制。隨即，阿拉伯軍團的部分兵力開赴巴勒斯坦，保衛那裡的軍用機場。1941年，阿拉伯軍團協助英軍進攻伊拉克，鎮壓那裡的民族主義政權，軍團也參加英軍在敘利亞的戰役。阿拉伯軍團駐紮在巴勒斯坦、伊拉克和伊朗，擔任巴勒斯坦埃及邊界的警衛，保衛道路、機場、軍用倉庫、港口及火車站。阿拉伯軍團的人數從一千三百五十人增加到一萬六千人，英國給外約旦的津貼從 1938–1939 年到

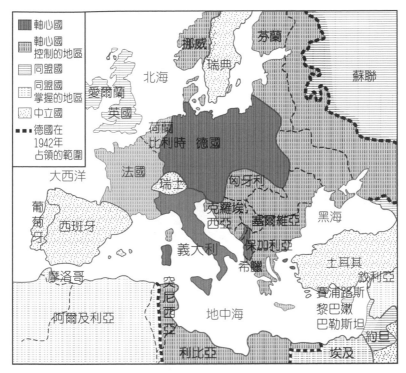

圖 18：第二次世界大戰歐洲局勢圖

1944–1945 年，增加了接近四倍。1946 年 1 月 17 日，英國外交
大臣歐內斯特‧貝文在聯合國大會上聲明英國給外約旦以獨立地
位。1946 年 3 月 22 日，在倫敦簽訂了〈英國外約旦條約〉，宣布
廢除英國委任統治，給予外約旦獨立國家的地位。但條約完全保
持了英國的統治地位，英軍有權駐紮在外約旦的任何地方，英國
軍官繼續指揮約旦軍隊。

　　1946 年 5 月 25 日，正式宣布外約旦獨立，國名為外約旦哈

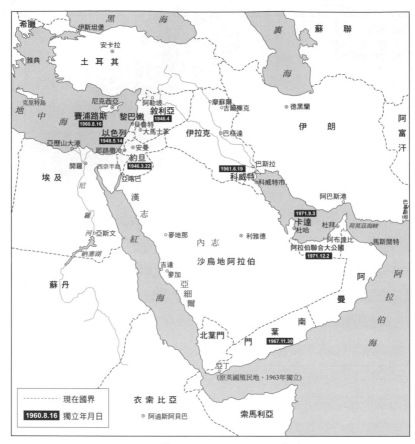

黑海 希臘 伊斯坦堡 安卡拉 雅典 土耳其 裏海 蘇聯

克里特島 地中海 尼克西亞 賽浦路斯 1960.8.16 黎巴嫩 貝魯特 阿勒坡 敘利亞 1946.4 摩蘇爾 吉爾庫克 德黑蘭 阿富汗

以色列 1948.5.14 亞歷山大港 耶路撒冷 安曼 大馬士革 伊拉克 巴格達 伊朗

開羅 西奈半島 約旦 1946.3.22 亞喀巴 巴斯拉 1961.6.19 科威特 科威特市 阿巴斯港 杜拜 荷莫茲海峽 巴林島

埃及 尼羅河 漢志 1971.9.3 卡達 杜哈 阿布達比 阿拉伯聯合大公國 1971.12.2 馬斯開特

河亞斯文 納塞湖 紅海 麥地那 利雅德 內志 沙烏地阿拉伯

蘇丹 吉達 麥加 亞細爾 南葉門 1967.11.30 阿曼 阿拉伯海

北葉門 亞丁 (原英國殖民地，1963年獨立)

─── 現在國界
1960.8.16 獨立年月日

衣索比亞 阿迪斯阿貝巴 索馬利亞

圖 19：第二次世界大戰後的中東

希姆王國。1946 年 11 月 28 日由議會通過的新憲法，1947 年 2 月 1 日起生效。根據新憲法，國王有權任命首相和大臣，他們只對國王負責；國王有權在內閣同意下宣戰和締結國際條約；他有權決定是否給予租讓權；國王可以把議會的會期延期兩個月，並親自解散議會；他保留絕對的否決權，並通過內閣把議會否決的法

律草案付諸實施，其中包括預算的法律。由此可見，約旦王國是一個名副其實的國王專制的國家。1948 年 3 月 15 日，在安曼簽訂〈英約條約〉，規定了在發生戰爭時兩國間的合作和彼此商議，並在發生軍事衝突時的互相援助。條約成為英國統治約旦的主要工具。

二、兼併約旦河西岸

1922 年，猶太復國主義組織在巴勒斯坦建立了猶太代辦處，為在巴勒斯坦建立猶太國家作準備。一開始猶太代辦處主要是與英國委任統治當局打交道。隨著猶太移民的大量湧入，巴勒斯坦的阿猶矛盾越來越尖銳。1931 年 2 月，猶太復國運動領導人魏茲曼派代表到安曼會見阿布都拉，謀求後者對建立猶太國家的支持。1934 年，阿布都拉國王向猶太復國運動領導人建議，先實現巴勒斯坦與外約旦的統一，爾後再成立兩個立法委員會，一個屬阿拉伯人，一個屬猶太機構，但遭到了拒絕。1936 年，巴勒斯坦的阿拉伯人舉行了總罷工，使得阿猶矛盾空前激化。猶太代辦處繼續與外約旦名人進行接觸。第二次世界大戰爆發後，許多在歐洲受納粹迫害的猶太人輾轉來到巴勒斯坦，猶太建國步伐加快。第二次世界大戰結束後，1946 年 9 月，猶太代辦處領導人再次與外約旦國王阿布都拉聯繫，謀求後者對巴勒斯坦「阿猶分治」計畫的支持。由此可見，猶太復國主義者在建國以前與外約旦一直保持著聯繫。

1948 年 5 月 14 日，根據聯合國大會 1947 年 11 月 29 日的分

治決議，以色列國宣告成立。第二天，六個阿拉伯國家，即埃及、黎巴嫩、外約旦、敘利亞、伊拉克、沙烏地阿拉伯的軍隊就開進了巴勒斯坦。戰爭初期，阿拉伯各國投入的總兵力約為四萬二千五百人，其中外約旦的阿拉伯軍團七千五百人，伊拉克軍隊一萬人，埃及軍隊約八千人，敘利亞軍隊約五千人，黎巴嫩軍隊二千人，沙烏地阿拉伯軍隊約兩個連。此外，還有志願軍性質的「阿拉伯解放軍」和巴勒斯坦阿拉伯人組成的「阿拉伯救世軍」約一萬人。有坦克四十餘輛，各類飛機約一百五十架，裝甲車近二百輛。以色列軍隊約四萬人，只有一輛坦克，二十多架輕型飛機和兩輛裝甲車。阿拉伯國家宣稱他們發動的是保衛宗教聖地、消滅猶太復國主義、幫助巴勒斯坦兄弟建立國家的聖戰。由於有備而來和先發制人，再加上軍事力量上的優勢，阿拉伯軍隊在戰爭初期不斷取勝，掌握著戰場上的主動權。埃及軍隊從南向北不斷推進，很快就逼近了臺拉維夫和耶路撒冷；伊拉克軍隊從中路越過約旦河，一度挺進到距地中海只有十英里的圖勒卡姆；外約旦的阿拉伯軍團則在英國指揮官的率領下，占領了約旦河西岸和耶路撒冷城的大部分地區；敘利亞和黎巴嫩軍隊從北部進入巴勒斯坦後，也步步向南深入。新生的以色列國面臨著巨大的威脅。在戰爭的頭四個星期，以色列死亡的人數將近一千二百人。

然而，各個阿拉伯國家在參戰時都有不可告人的目的。埃及的法魯克國王剛成為阿拉伯世界的領袖，急於發揮自己的領袖作用。巴勒斯坦的阿拉伯領導人、耶路撒冷大穆夫提侯賽尼此時也在開羅，他的目的是依靠法魯克國王的幫助，在巴勒斯坦建立一

個他自己的政府。外約旦國王阿布都拉長期以來一直想吞併巴勒斯坦中阿拉伯人居住的地區，他想利用這次戰爭建立一個「大約旦王國」，然後再與猶太人妥協講和。敘利亞的目的也是想搶奪地盤，參與對巴勒斯坦的瓜分。只有黎巴嫩、伊拉克從一開始對參戰就很不熱心，它們出兵的目的重要是服從阿拉伯聯盟採取的統一行動。

　　外約旦國王阿布都拉指揮「阿拉伯軍團」的一部，從東線向巴勒斯坦推進。兩個星期後，約旦軍隊攻占了耶路撒冷東區，並一度包圍了猶太人防守的耶路撒冷西區。6 月 11 日，阿以雙方接受聯合國的調停，同意停火四個星期。7 月 9 日，戰鬥重新爆發。兵員已達六萬多人的以色列軍隊奪回一千多平方公里的土地。

　　7 月 18 日到 10 月 15 日第二次停火期間，以色列總兵力已達九萬多人。阿拉伯國家的內訌進一步加劇。9 月 20 日，埃及控制下的阿拉伯聯盟宣布以侯賽尼為首的「全巴勒斯坦阿拉伯政府」在加薩成立。外約旦國王阿布都拉立即予以反擊。10 月初在安曼召開了巴勒斯坦和約旦人代表會議。出席會議的代表宣布不承認加薩政府。10 月 15 日，以色列發動了第二次進攻。至 1949 年初，以色列掌握了戰場主動權。

　　1949 年 1 月，以色列開始和阿拉伯國家進行停火談判。外約旦和以色列的停火談判於 3 月 2 日開始在羅得島進行。但是，主要的談判實際上是在外約旦國王阿布都拉位於約旦河谷的舒納宮內秘密進行。但以色列在談判開始後，繼續戰鬥。3 月 7 日，以色列軍隊沿約旦河谷南下，直抵紅海的亞喀巴灣，目的是獲取一

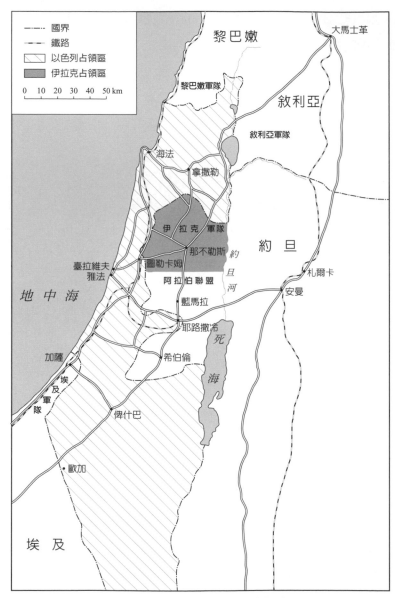

圖 20：1948 年第一次中東戰爭

個「通往紅海的出海口」。外約旦軍隊被迫撤退。英國應外約旦的
要求派兵在亞喀巴灣登陸，引起了美國和以色列的抗議。以色列
趁機占領了埃拉特港。在談判中，以色列還要求外約旦從伊拉克
接防的戰線上後撤。經過討價還價，外約旦同意其軍隊從戰場後
撤兩英里，換取以色列承認外約旦與約旦河西岸的巴勒斯坦合併。
4月3日，以色列與外約旦正式簽訂停火協議。戰爭結束以後，
二千多名巴勒斯坦知名人士在巴勒斯坦的小城埃里哈開會，決定
將巴勒斯坦的剩餘領土歸併約旦，由阿布都拉治理。

三、約以單獨媾和的嘗試

　　約旦河西岸面積為五千八百七十九平方公里，其中包括約二
百二十平方公里的死海水面，可耕地為 27%，森林覆蓋率為 1%，
和以色列的邊界線三百○七公里。它是一塊向以色列中部腹地凸
進的地區，對以色列國家的安全至關重要。因此，以色列建國初
期迫切希望與外約旦實現和平。

　　羅得島阿以停火協議簽訂後，應聯合國巴勒斯坦調解委員會
的要求，參加談判的阿拉伯國家代表組成了一個聯合代表團與以
色列談判，目的是在阿以之間達成一項永久性的全面解決協議。
經過幾個星期的努力，談判毫無成效。這種以阿拉伯國家集體為
一方與以色列談判的格局，束縛了阿拉伯國家的手腳。外約旦在
戰後企圖吞併約旦河西岸的作法遭到了其他阿拉伯國家的反對，
轉而尋求以色列的支持。以色列則希望打破阿拉伯國家的聯合行
動，與各別阿拉伯國家單獨實現和平。

　　1949 年 4 月 5 日，外約旦國王阿布都拉在舒納宮接待了三名以色列秘密使者，他們是埃坦（後任以國防部長）、達揚（後任以總參謀長和國防部長）和薩松。阿布都拉向以色列使者表示，願和以色列尋求一項單方面解決方案，條件之一是約旦希望得到一個通往地中海的港口。5 月 5 日，以色列外交部長夏里特密訪舒納宮，與阿布都拉國王討論了雙方從停火線附近撤軍等問題，並討論了起草一個有關雙方實現和平必要性文件的可能性。此後，雙方代表在耶路撒冷又進行了兩次接觸。1949 年 11 月至 1950 年 1 月，以色列和外約旦就兩國和平問題舉行秘密的正式會談。雙方擬定了〈解決領土問題的原則〉和〈約以互不侵犯條約〉兩個文件。在此基礎上，1950 年 2 月 28 日，約以雙方草簽了〈約旦王國與以色列和平條約〉（以下簡稱〈約以和約〉）。〈約以和約〉共十二條及一個附錄。雙方原定在 3 月 7 日再次會談，確定條約生效的程序。但隨後情況急轉直下，埃及等國發現了約以密談的跡象，並在報界披露了條約的一些內容。約旦政府也在此時進行了改組，新上任的首相反對與以色列秘密和談。在國內外的強大壓力下，外約旦不得不放棄了與以色列單獨實現和平的外交行動。

四、阿布都拉國王的遇害

　　從 1950 年代初阿以衝突的國際背景分析，任何一個阿拉伯國家要單獨與以色列實現和平都難以完成，但阿布都拉國王想單獨和以色列實現和平，因此招致了阿拉伯民族主義者的刻骨仇恨。1950 年 3 月，第十二屆阿拉伯國家聯盟部長理事會在埃及的開羅

舉行。埃及要求立即把外約旦開除出阿盟，以懲罰外約旦與以色
列的秘密談判。外約旦揚言抵制阿盟理事會。最後，約、埃與其
他阿拉伯國家一起簽署了一項決議，表示遵守「聯盟中任何國家
要和以色列簽署和平條約或其他條約時，應自動從阿盟中除名，
並對這個國家加以制裁」的決議。3 月 25 日，以色列議會通過決
議，停止與阿布都拉國王的談判。此後，阿布都拉國王加快吞併
約旦河西岸的過程。1950 年 4 月 11 日，阿布都拉國王組織了外
約旦和約旦河西岸的議會選舉。4 月 23 日，外約旦舉行議會非常
會議，正式宣布外約旦與約旦河西岸合併，王國正式更名為約旦
哈希姆王國。約旦人口總數達一百五十萬以上，將近一百萬巴勒
斯坦人成為約旦公民，享受同等的權利和義務。三年時間裡，安
曼的人口由原來的三萬增加到十萬人（據聯合國機構統計，1948
年 4 月至 12 月巴勒斯坦戰爭期間，約有七十二萬六千名難民產
生，其中逃往約旦河西岸地區二十八萬人，加薩地帶十九萬人，
黎巴嫩十萬人，敘利亞七萬五千人，約旦七萬人，埃及七千人，
伊拉克四千人）。約旦控制的約旦河西岸及耶路撒冷東區面積達五
千八百七十九平方公里（埃及控制了加薩地帶三百六十三平方公
里的土地，以色列的國土面積達二萬○六百七十三平方公里）。針
對阿布都拉國王的行為，同年 6 月 12 日，阿盟理事會召開會議，
並發表宣言稱「兼併只是暫時的措施，關於巴勒斯坦未來的問題
將在最後的解決時重新審定」。這一態度表明阿拉伯國家默認了約
旦兼併約旦河西岸的事實。但阿布都拉國王秘密與以色列談判的
行為遭到了國內反對派勢力以及一部分巴勒斯坦人的反對。1951

年 7 月 20 日星期五 ，六十九歲的阿布都拉國王在耶路撒冷的聖
岩圓頂寺做禮拜時，被巴勒斯坦極端民族主義者穆斯塔法‧阿舒
殺害，十六歲的胡笙親自目睹了這場暗殺慘案。當時擔任阿拉伯
軍團空軍副總指揮的英國軍官約克‧達格利什帶胡笙飛回安曼，
而阿布都拉國王的遺體則是由當時的空軍指揮官比爾‧菲希爾中
校親自駕駛飛機運回安曼的。

第五章 | *Chapter 5*

少年登基的胡笙國王

第一節 病人執政──塔拉勒國王遜位內幕

　　塔拉勒 1909 年生於麥加，是阿布都拉和他的堂妹謝里法（阿拉伯語意為「尊貴」）·穆斯巴赫所生。他生性文雅，性情耿直。步入成年時，罹患精神方面的疾病，這種病當時無法緩解，當然也無法治癒。他和性格外露專橫粗暴的父親難於相處，病情因此加重。據說，阿布都拉喜歡塔拉勒的同父異母弟弟納伊夫。1926 年，阿布都拉送十七歲的埃米爾·塔拉勒到英國學習，希望他能進入牛津或劍橋大學深造，由於他沒有受過有系統的基礎教育，所以未能通過入學考試。最後，他只能進英國的桑赫斯特軍事學院學習。阿布都拉既失望又惱怒，在兒子上學期間，每學期只給七先令六便士的零用錢。塔拉勒在英國度過三年，這期間只回國一次。

　　在從桑赫斯特返回約旦的路上，塔拉勒在賽浦路斯停留了幾

圖21：塔拉勒國王
在位時間僅一年，後
因精神方面的疾病退
位，由兒子胡笙繼任
約旦國王。照片右側
著軍裝的青年即為胡
笙。

個月，擔任英國高級專員雷納德·斯道爾斯爵士的參謀。接著，
他被送往伊拉克軍事學院學習了六個月。1931年，他返回外約旦
出席他祖父、漢志國王胡笙·伊本·阿里的葬禮。1934年他與他
母親的侄女埃米拉·扎因結婚，生有三個兒子：胡笙、穆罕默德
和哈桑，一個女兒巴斯瑪。阿布都拉酋長沒有對埃米爾·塔拉勒
委以重任。每年僅給王儲一千英鎊的俸祿，全家人生活在一座樸
素的、有五個臥室的別墅裡。

　　1946年5月25日，外約旦成為外約旦哈希姆王國，阿布都
拉登基為王，塔拉勒成為王儲。1951年7月20日，阿布都拉遭

到暗殺。塔拉勒當時正在國外接受治療，他同父異母的兄弟納伊夫被選為攝政王。在王太后和貝都因士兵的支持下，塔拉勒1951年9月6日返回約旦，登基稱王。他是一個思想解放、主張進步的統治者，拒絕與伊拉克聯合，並與沙烏地阿拉伯和敘利亞實現了關係正常化，同時參加了阿拉伯國家集體安全條約，與美國簽訂一系列經濟協定。塔拉勒在1952年初頒布一部新憲法，實現了政府對議會負責的原則：當議會的三分之二表示不信任時，內閣應當辭職；眾議院由選舉產生，參議院則由國王任命產生；國王有權解散議會。但是塔拉勒的身體卻越來越差，在內閣的一致同意下，約旦政府邀請了兩位著名的外國精神病科專家為國王會診。在兩位專家的報告中，明確地指出國王的身體狀況使他不宜再管理國家。這份報告隨後亦得到了由三位約旦專家組成的專家小組的確認。

1952年8月11日早晨，參、眾兩院召開秘密會議，持續了十小時。當時國王正在宮中。首相陶菲克‧阿卜勒‧胡達鄭重宣布，塔拉勒國王已經不能繼續行使《憲法》賦予他的權力。依照《憲法》規定，在國王因病無法治理國家的情況下，內閣有權召集議會開會；確認國王因病而無法執政時，議會有權廢黜國王並立他的繼承人為王。議會以多數通過決議，決定塔拉勒應當退位，由他的兒子胡笙繼承王位。由於國王還年輕，於是成立了三人攝政委員會代行國王的憲法權力。塔拉勒愉快地接受了議會的決議，向議會和政府的周詳考慮表示感謝，請求真主保佑約旦和它的人民。之後他離開約旦，前往伊斯坦堡，1972年在那裡去世，歸葬

於安曼的哈希姆墓地。

第二節　平凡中的非凡──胡笙國王的成長過程及婚姻

　　1935 年 11 月 14 日，胡笙‧伊本‧塔拉勒出生於外約旦首都安曼的拉吉哈丹宮，阿布都拉任命他為阿拉伯軍團的榮譽上尉，不久又任命他為國王的副官。

　　胡笙‧伊本‧塔拉勒的父親是埃米爾‧塔拉勒，母親是埃米拉‧扎因，他們是 1934 年 11 月份結婚的，他們按照父親的吩咐把自己的兒子叫做胡笙。這個詞源於《古蘭經》，在阿拉伯語中意為「美好」，先知穆罕默德的外孫阿里的兒子也叫胡笙，因此這個詞具有豐富的歷史文化內涵。這個詞表明胡笙屬於聖裔家族──哈希姆家族，繼承了伊斯蘭文化中的正統性和權威性。胡笙是在一個貧困的環境下長大成人的。祖父阿布都拉公務繁忙，無暇疼愛孫子。等胡笙稍微年長一些，生活簡樸的祖父決定把他帶在身邊。在近乎苦行僧的生活中，年幼的胡笙看到祖父得到了臣民的衷心愛戴，以及祖父處理國家大事的快速準確，並從中學到了政治家的基本素質。

　　當胡笙到了正式上學的年齡，祖父和父親產生了嚴重的分歧，使這個不幸的孩子被不斷地轉學，他在上中學前換過六個學校。阿布都拉最後把孫子送到了埃及亞歷山大維多利亞學院，並支付了一部分的費用。這所學院是一所英國成立的公立學校，實行英語和阿拉伯語雙語教學。

1946 年 5 月 25 日，阿布都拉宣布外約旦成為外約旦哈希姆王國，取消了自己酋長的頭銜，登基為王。1951 月 7 月 20 日阿布都拉國王被暗殺後，埃米爾‧塔拉勒馬上中止了在國外的治療，回國繼承王位，胡笙隨即被立為王儲。

埃米爾‧塔拉勒國王決定把十六歲的胡笙送到邱吉爾的母校哈羅公學。王儲在哈羅公學學習時，約旦駐英國的大使法奇‧穆爾基大獻殷勤。胡笙在哈羅公學盡顯少年天性，有很強的主見，不易受管束和被別人左右，有一股在苦難和逆境中奮進的勇氣，他努力把自己磨練成一個強有力的統治者。

1952 年 8 月 ，胡笙利用暑假趕到瑞士與在那裡的母親和弟弟、妹妹會合，以度過一個輕鬆的假期。8 月 12 日早晨，剛剛起床的胡笙正在窗前欣賞著遠處的美景，此時旅館的侍者用銀盤子給他送來了一封信。他漫不經心地將信打開，信的開頭令他大吃一驚。信的抬頭赫然寫著：「胡笙國王陛下」，他知道自己在哈羅的學習已經結束了，此時，離他十七歲生日還差三個月。

父親的退位使胡笙終止了學業。8 月中旬他返回到約旦。

按照約旦憲法的規定，胡笙年滿十八歲才能加冕，正式擔負起國王職責。因此胡笙實際上還有一年零三個月的空閒時間。為了使這位國王熟悉國情，首相安排他到全國各地視察民情，一個多月後，胡笙回到了在安曼的王宮。

胡笙又以「國王士官生」的名義，進入父親的母校英國桑赫斯特軍事學院學習。桑赫斯特一年多的生活幫助胡笙打下了軍官和文官的職業基礎。桑赫斯特軍事學院把他安排在向來以嚴格著

圖22：年輕的胡笙國王　1955年，胡笙國王至英國進行官方訪問，商談中東和平問題。6月23日，參觀肯特郡比京山空軍基地時，於響尾蛇戰機上攝影留念。

稱的英克爾曼連隊。胡笙要在一年的時間裡學完三年的課程。三個月之後胡笙成為了英克爾曼連隊中最好的神槍手，他的戰術、機械工程和常規訓練課成績也名列前茅，校方對胡笙的適應能力和好學精神留下了深刻的印象。除了參加正常的學習和訓練外，作為國王的胡笙還要扮演外交家的角色，經常訪問英國的各種軍事機構和政府機關。

當胡笙在英國倫敦上學時，他碰到了同為哈希姆家族的漢志國王的曾侄孫女迪娜‧阿布都‧哈密德。迪娜比胡笙大七歲，曾經在英國的吉爾頓學院、劍橋大學和埃及的開羅大學念過書，1955年4月19日，胡笙和迪娜正式在安曼舉行了盛大的結婚典禮。一年之後迪娜生下了一個女兒，胡笙為她取名為阿利亞。

迪娜比胡笙大七歲，生活經歷也比胡笙豐富，在婚後兩人的差異逐漸暴露出來。1956年秋天，當迪娜在開羅度假時，胡笙提

出了離婚的要求。胡笙在離婚後一直拒絕迪娜和阿利亞見面，但後來胡笙做了讓步，把女兒送到了她母親處。多年以後，迪娜嫁給了一位巴勒斯坦游擊隊戰士薩拉姆‧塔姆里。

　　在 1961 年胡笙和安妥瓦尼特‧加德納小姐結婚。她的父親沃克‧加德納中校曾經在約旦軍隊中服務過。那時約旦正遭受乾旱，沃克‧加德納是一位水利工程師，應英國大使的邀請，他再次到約旦幫助約旦人解決缺水的問題。胡笙給他的新娘取了一個阿拉伯名字，叫做穆娜‧胡笙，意思是「胡笙的希望」。結婚後，穆娜皈依了伊斯蘭教，放棄了英國國籍，加入了約旦國籍，並開始學習阿拉伯語。1962 年 2 月，穆娜生了一個兒子。胡笙國王後繼有人，他欣喜若狂，他希望兒子能像祖父阿布都拉那樣創造光輝的業績，便把兒子起名為阿布都拉。此後，穆娜王后又為胡笙生了一個男孩費沙爾和一對攣生女孩扎因和艾莎。胡笙和第一任夫人迪娜生的女兒阿利亞也被接回了約旦，由穆娜撫養。

　　胡笙把兩個兒子先送到了美國，但後來兩個孩子又在英國完成了學業。長子阿布都拉和妹妹艾莎步父親的後塵，也進入了桑赫斯特軍事學院學習。次子費沙爾則繼承了父親對飛行的愛好，就讀英國克倫威爾皇家空軍學院，到 1987 年 7 月畢業時，他得到了該校七項獎勵中的五項，是該屆成績最好的畢業生。

　　1972 年年底穆娜突然提出和國王離婚的要求。離婚後，穆娜又在美國另組家庭，但胡笙保留了她在約旦的一切特權，她可以隨時從美國回來看望她的孩子們。

　　胡笙的第三任妻子阿利亞‧圖康是一位約旦外交官的女兒，

出身於名門望族，才貌雙全，曾經在美國和英國念過書。阿利亞是一個職業婦女，曾長期在約旦航空公司擔任高級職務，有豐富的社會經驗和良好的政治素養。胡笙與穆娜離婚不久，就同阿利亞・圖康結婚了。婚後的阿利亞辭去航空公司的職務，當起了王后。這位王后為胡笙生了一兒一女，兒子取名阿里，女兒取名阿亞，胡笙的大家庭已有七個子女。

1977 年 2 月 9 日，王后在衛生大臣陪同下視察南部的塔菲拉鎮一家醫院。當他們下午乘直升機返回安曼時，飛機撞上一個土坡，王后和機上人員全部罹難。

1977 年下半年，約旦皇家航空公司購買的第一架大型噴射波音 727 型飛機即將運抵安曼，航空公司決定舉行一次盛大的慶祝活動，國王應邀參加，認識了一位美國女孩，名叫薩莉・H・哈拉比。她畢業於美國著名的普林斯頓大學，她的專業是建築和城市規劃，也是一個合格的工程師。她是應約旦皇家航空公司的邀請，到安曼負責籌劃中的阿拉伯航空大學的總體設計工作。

薩莉的父親納吉內・H・哈拉比曾擔任過美國泛美航空公司的總裁。納吉內本人具有敘利亞血統，妻子是瑞典人，薩莉是他們的長女。薩莉在大學畢業後，被派往很多國家執行建築設計任務。薩莉是在美國出生和成長的，接受了全部的美國文化，但她依然為自己有阿拉伯人的血統而自豪，願意為阿拉伯人貢獻自己的才智。她在負責阿拉伯航空大學的總體設計時，因工作表現出色，多次得到約旦皇家航空公司的嘉獎和表揚，此次約旦皇家航空公司為了表達他們對薩莉的謝意，特別邀請她作為貴賓出席慶

祝儀式。

　　胡笙國王對二十六歲的薩莉一見鍾情。不久，胡笙與薩莉舉行了婚禮，並把薩莉改名為薩莉‧諾亞‧胡笙，這個名字在阿拉伯語是「胡笙之光」的意思，約旦人把她稱為諾亞王后。隨後，他們到亞喀巴灣歡度蜜月。為了盡快融入母親的角色，薩莉要求胡笙把七個孩子全部接到亞喀巴灣分享他們新婚的快樂。胡笙已經結過三次婚，並且是七個孩子的父親，最大的女兒阿利亞公主已經二十一歲，大兒子阿布都拉王子已經十五歲了，而最小的女兒阿亞不到二歲。這群孩子們在很短的時間內就將薩莉融入了他們的行列，自覺地把她當成了他們的母親和朋友。諾亞王后也皈依了伊斯蘭教，在很短的時間裡熟練阿拉伯語，很快就融入了約旦人的生活中。

　　諾亞王后是胡笙國王的賢內助，1984 年 9 月王室頒布敕令，宣布成立諾亞‧胡笙基金會，承擔改善約旦下層人民生活的任務。諾亞王后是一位出色的演說家，曾經數次受胡笙國王的委託執行重要的使命。她在哈佛大學、喬治城大學、牛津大學以及其他地方，就約旦在中東這個複雜的世界中扮演的角色和所面臨的許多問題向西方人發表演講。

　　諾亞王后非常重視塑造約旦的現代化形象，在她的提議下約旦成立了皇家文化教育基金會。透過基金會，資助一大批藝術家和科學家，並舉辦每年一次的賈拉什文化藝術節。諾亞王后還每年從全國各地、各個階層挑選六百名智力超群的孩子，將他們送進入一所三年制的學校，並提供他們高額獎學金。

圖 23：胡笙國王與諾亞王后

　　諾亞王后也是一位合格的母親，她在盡心撫養胡笙七個孩子的同時，又為胡笙生了兩兒兩女：生於 1980 年的哈姆扎王子、生於 1981 年的哈希姆王子、 生於 1983 年的伊曼公主和生於 1986 年的萊雅公主。

第三節　恩將仇報——胡笙國王向英國開刀

　　1953 年 5 月 2 日胡笙舉行了他的加冕典禮。胡笙接手的約旦百廢待興，由於父親在位時身患重病，心有餘而力不足，所以胡笙等於是從祖父的手中接過了政權。但形勢今非昔比，胡笙必須順應潮流，進行改革。

　　當時約旦的高級官員都是阿布都拉時代任命的，大都年事已

高，暮氣沉沉。年僅十八歲的胡笙初生之犢不畏虎，決定棄舊從新，選賢任能。在半年之內，約旦駐英國大使法奇被召回國擔任了首相，駐英武官阿里回到了宮廷，擔任國王的首席副官，表兄札耶德擔任了國王的私人顧問。胡笙組成了一個志同道合的權力核心。

約旦王國的誕生和存在與英國息息相關，英國每年要給約旦一定數量的無償援助和貸款，同時也派遣許多英國人在約旦政府和軍隊中擔任要職。胡笙登基後，感到英國人控制政府和軍隊不僅妨礙了他大權獨攬，而且非常容易遭到阿拉伯民族主義者的攻擊，他決定穩紮穩打、一點一滴撤換英國人的職務。

胡笙一上臺就認識到軍隊是保持王位的關鍵，因此，他始終想要擁有一支由他親自指揮的軍隊，然而由英國人控制的軍隊卻處處掣肘他，他和英國軍官之間的矛盾日益激化。當時約旦政府事事都要請示格拉布或英國使館。這使胡笙忍無可忍，決心掌握兵權，統帥軍隊。

格拉布在約旦生活了二十六年，一直掌管約旦的軍隊——阿拉伯軍團，隱然成為約旦的地下國王。1956 年 2 月發生的事件便成了軍隊「約旦化」的導火線。當時格拉布準備解除一批阿拉伯軍官的職務，列了一份名單呈交國王。名單上的人多數是胡笙信任的人，其中有些人是阿拉伯民族主義者。格拉布的動作激怒了國王。胡笙感到這種作法已經威脅到他的統治，必須採取果斷行動。3 月 1 日，胡笙把他親自起草的敕令交給了首相，宣布解除格拉布的職務，要求格拉布必須在兩個小時內離開約旦。同時提

拔忠於王室的貝都因人擔任軍內要職。胡笙使軍隊「約旦化」的
作法惹惱了英國，英國駐約旦大使杜克和英國首相安東尼‧艾登
大為震驚，英國輿論以尖酸刻薄的語言辱罵胡笙，指責他是個小
人。但是，他卻得到國內人民和其他阿拉伯國家的支持。當他視
察部隊的時候，貝都因官兵高喊著國王的名字，爭先恐後的擁抱
胡笙，吻他的手，紛紛表示效忠國王。

　　當時一窮二白的約旦幾乎完全靠英國的援助和貸款才能維持
軍隊和政府的日常開支，胡笙邁出這一步確實需要非凡的勇氣。
二十六年來由格拉布一手締造的軍隊只聽他一人號令，胡笙擔心
格拉布會對抗王命，犯上作亂。不過格拉布從大局出發，在接到
撤職的敕令後，對阿拉伯軍團的高級軍官下達了一道命令，不許
有任何支持他的行動，他不想讓約旦人做無謂的犧牲。

　　胡笙兵不血刃地送走了格拉布，英國政府權衡利弊，認為不
能因小失大，不能因一個英國將軍而失去與約旦間的關係。鋒芒
初露的胡笙決定乘勝前進，撤換在約旦軍隊中的英國軍官。

　　當時英國人在約旦軍隊裡占據了所有主管職位，而約旦士兵
對這些英國軍官又言聽計從，國王實際上控制不了這支軍隊。因
此，國王決定由可靠的約旦人取代所有的英國軍官。胡笙用明升
暗降的方式成功地解決了這個問題。他先成立了一個教官團，負
責約旦軍隊的戰術訓練工作，然後把英國軍官們晉升級別後調到
這個團擔任教官，剝奪了他們對軍隊的直接控制權。1956 年 10
月，英國、法國和以色列聯合發動了對埃及的進攻，胡笙果斷地
撤銷了這個專為英國軍官設立的教官團，從此，約旦實現了軍隊

「約旦化」和「民族化」。約旦軍隊擺脫了英國的控制，約旦從此擁有了自己的武裝力量。

胡笙國王集軍政大權於一身，兼任三軍總司令，並採取了下列措施維持統治：

一、建立王宮衛隊。授權其舅父組織一支私人軍隊，由忠於王室的貝都因人組成，配備了約旦最精良的武器裝備，保衛王宮以防不測。

二、實行家族統治，起用哈希姆家族的成員擔任要職。如胡笙的舅父謝里夫‧納賽先後擔任過內閣首相、陸軍司令等重要職務。表兄弟齊亞‧本‧沙凱爾任陸軍作戰部主任，並直接統帥著約旦兩個裝甲師之中一個裝甲師。

三、控制立法機關。國王有權立法和解散議會。參議院的全部議員也都由國王指定。

四、牢牢掌握行政大權，頻繁撤換首相。有時為了平息人民對物價飛漲的不滿而撤換內閣，有時為了爭取某一大國的支持任命傾向該國的人組閣，從 1956 年到 1982 年的二十六年中，一共撤換、任免了三十三屆內閣，許多任內閣執政只有幾個月。

五、剛柔相繼，一張一弛。對內施行高壓政策，必要時動用武力。1957 年、1963 年和 1976 年曾多次頒布命令，解散全國政黨，禁止一切黨派活動。多次動用軍隊鎮壓有礙哈希姆王朝統治的舉動和反對派。胡笙在進行鐵腕統

治的同時，還採取了「懷柔」政策。釋放政治犯，豁免
了企圖發動政變的原約旦總參謀長阿里‧阿布‧諾瓦爾
和副總參謀長薩迪克。並分別任命他們為駐法國大使和
安曼護照局局長。胡笙這樣做是為了籠絡人心，表明自
己「仁慈和寬宏大量」。他拉攏上層官員、安撫下層群
眾，緩和國內矛盾。

六、八面玲瓏，左右逢源，爭取外援。弱小的約旦夾在以色
列、敘利亞、伊拉克、埃及和沙烏地之間，時常受到鄰
國武裝入侵和顛覆的威脅。各國為了各自的利益，對約
旦威脅利誘。在這種複雜的條件之下，胡笙利用各派勢
力之間的矛盾，以求在政治上自保，經濟上得利。

以色列把約旦看作阿以衝突中的一個「緩衝地帶」，並在胡笙
受到共和制的衝擊，以及「巴勒斯坦解放組織」和敘利亞的武力
威脅時，多次解其危難，以保留這個「緩衝地帶」。

1956 年蘇伊士危機後，英國逐步退出中東地區。胡笙轉而投
靠美國，尋求援助。美國為了在中東的戰略利益也慷慨解囊，
1957 至 1968 年期間，美國給約旦的財政援助達五億六千萬美元。
在十月戰爭前後又提供了二十一億三千一百萬美元的援助。胡笙
在倒向美國的同時，也和蘇聯保持友好關係，國王和王儲及政府
高級官員曾多次訪蘇，允許蘇聯在約旦設文化貿易中心，還同蘇
聯簽訂了一些文化協定。

胡笙在 1962、1978 年與沙烏地簽署了兩項防務協定，使其成
為約旦戰略上的盟國。約旦財政大部分依靠沙烏地阿拉伯資助，

每年還從沙烏地阿拉伯得到一億美元的津貼。1977 年，沙烏地阿拉伯一次就向約旦提供了五億四千萬美元，用來購買美國的鷹式飛彈。

此外，胡笙還積極開展睦鄰友好活動，改善了同敘利亞、伊拉克的聯繫，並多次與阿拉法特會晤、通信，甚至表示支持建立巴勒斯坦國。這些作法不僅扭轉了腹背受敵的局面，還得到許多阿拉伯國家的援助。1979 年，約旦從阿拉伯國家得到的援助達二億二百萬第納爾。

由於約旦得到的援助是多方面的，所以它不致受某一援助國的任意擺布，在政治上能保持著一定的獨立性。胡笙在「夾縫」中求生存，不僅扭轉了初登王位時孤鴻哀鳴的局面，還為國家爭取到了實際利益。胡笙本人作為一個政治家，確實使約旦走上國際政治的舞臺。

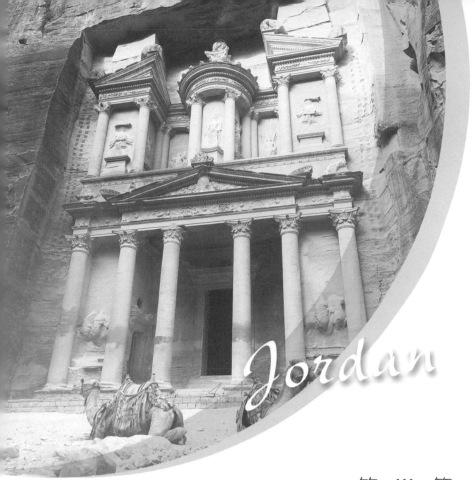

Jordan

第 Ⅲ 篇

改革與進步──約旦新氣象

生存大師的經歷

第一節　腥風血雨──政變中成長

　　英國原駐約旦大使認為：「胡笙的政策是一種生存政策，他就像在汪洋大海中駕駛一葉扁舟的人，唯一關心的是如何到達陸地，而不會計較具體的方式、方法和固定的目標。」胡笙國王處於中東衝突的旋渦之中，面對的矛盾錯綜複雜、尖銳激烈，面臨的環境險象環生。他一生歷經磨難，九死一生。但在千鈞一髮的關鍵時刻，他卻能化險為夷，逢凶化吉。

　　胡笙國王把英國人趕出軍隊後，任命自己的好朋友、原駐英國的武官阿里·阿布·諾瓦爾擔任軍隊總參謀長，並授予他少將軍銜。

　　阿里·阿布·諾瓦爾出身於約旦的名門世家，當胡笙在英國桑赫斯特軍事學院學習時，阿里是約旦駐英國的少校武官，他藉這一難得的機會博得了國王的歡心。在胡笙回國後，阿里被調回

約旦，晉升為中校，是一位受過良好訓練和有經驗的軍事參謀。

阿里改革約旦軍隊的編制，撤銷師的建制，全軍劃分為五個獨立的步兵旅，直接歸安曼的總司令部控制。同時，他安插親信，培植黨羽，任命自己的堂兄弟擔任副總參謀長，他的私人密友穆罕默德擔任了總參謀部情報部的部長，對一些團、營級軍官也作了相應的調整。

可是總參謀長阿里和首相納卜勒希結盟，共同對付國王。納卜勒希是來自約旦河西岸的巴勒斯坦人，他上臺後制訂了一部憲法，規定內閣對國會負責，改變了以前內閣對國王負責的傳統，削弱了國王的權力。當 1956 年第二次中東戰爭爆發時，納卜勒希拒絕國王與阿拉伯兄弟並肩作戰的建議，阿里也代表軍隊反對國王的決定。

1957 年 1 月 5 日美國總統艾森豪向國會提交提案，要求授權他派遣美國軍隊到中東對付蘇聯的威脅。胡笙立即寫信給首相納卜勒希，並把信的內容透露給了新聞界，表示自己將支持艾森豪的中東政策。國王信的內容和作法使納卜勒希極為不滿，他和阿里聯合覲見國王，要求國王收回那封信，遭到了胡笙的拒絕。納卜勒希死不罷休，把與國王的矛盾公諸於世，這一消息迅速傳遍了阿拉伯世界。首相及總參謀長敢於對抗國王，約旦的局勢突然緊張起來。

4 月 8 日，國王在例行視察時，突然發現約旦陸軍所屬的第一裝甲團在通往安曼的主要道路上設置了路障。匆匆趕來的阿里解釋說這是為了方便例行的檢查。胡笙勃然大怒，下令軍隊撤離。

　　第二天晚上，胡笙的舅舅和其他幾位王室人員前去覲見國王，向胡笙通報了安曼的形勢——軍隊已經控制了安曼，把警察從他們的崗位上趕走了。胡笙國王表示堅持戰鬥到底，決不流亡到國外。他派宮廷大臣去要求內閣總辭，工於心計的阿里也勸納卜勒希以退為進。阿里認為，只要局勢失去控制，國王只能請求他上臺主政，到時他就可以當首相，甚至還可以乘機除掉胡笙。

　　誰知道納卜勒希剛辭職，胡笙就任命約旦老謀深算的政治家賽義德‧穆夫提為首相。阿里得知這一消息後，立即邀請賽義德‧穆夫提參加軍事會議，並在會上請賽義德‧穆夫提轉告國王，軍隊不同意國王的任命，要求國王任命軍隊指定的人選為首相，否則軍隊對將要出現的一切後果不負責任。隨後，阿里又把這最後通牒親自向宮廷大臣重複了一遍。

　　就在胡笙四面楚歌，身陷困境的關鍵時刻，突然接到了第一裝甲團全體軍官聯署信。信中說，他們對目前的局勢感到困惑不解，對高級軍官下達的要他們包圍王宮、捉拿國王的命令很反感，他們宣誓效忠國王。這真是雪中送炭，國王龍心大悅，信心十足。此時，安曼的大街小巷人聲嘈雜，群情洶洶，軍隊已經失去控制，軍中謠傳國王已經被殺，軍官們已經控制不了暴動的士兵們。

　　胡笙馬上命令宮廷大臣為他備車，他身著軍裝親自開車趕到軍營。他看到一群群神情激動的士兵不斷地在軍營中叫喊著，並朝天開槍。胡笙走下車來，和士兵們握手、擁抱，並問候他們，命令他們立即返回自己的崗位。經過三個多小時的勸說，騷亂開始平息。

等胡笙國王回到王宮的時候，忠於國王的第一裝甲團已經將王宮嚴密地保護了起來，阿里和他的同黨們被囚禁在王宮內。

實際上，這次挽救胡笙的還有阿利亞公主旅的貝都因團。在發生暴動的那天上午，貝都因團接到一項奇怪的命令，要求他們不攜帶武器到沙漠深處的一個基地集合。這項指令引起了士兵們的懷疑，他們認為高級軍官們企圖使他們失去戰鬥力，以便為非貝都因部隊對付國王掃清道路。憤怒的貝都因團戰士們拿起了武器，向非貝都因部隊開火，戰鬥迅速蔓延，打破了陰謀叛變者的圖謀。參與陰謀的軍官們有的被殺死，有的被困在指揮部內。

回到王宮的胡笙大人大量，原諒了跪地求饒的阿里，第二天阿里登上了一架飛往埃及開羅的飛機。

胡笙痛定思痛，重整河山。他任命老練的政治家伊布拉欣‧哈希姆為首相，薩米爾‧里法伊為外長。這兩位大臣頒布了〈戒嚴法〉、成立軍事法庭、在安曼實施宵禁，在政變中證明是忠誠的部隊被部署在敏感的位置上，軍隊和警察中那些不可靠的官員被悄悄清除。約旦又回到了正常的軌道上。

政變之後約旦的國庫空虛。沙烏地阿拉伯雪中送炭，緊急援助五百萬英鎊，美國提供了一千萬美元，約旦王國才轉危為安，胡笙重登寶座。

1960 年 8 月 29 日，胡笙的首相哈扎被一顆安置在他辦公室的炸彈炸死。哈扎首相被炸身亡後，胡笙新設立的安全保衛機關破獲了一起針對胡笙的暗殺陰謀，主謀是國王的私人隨身侍從。胡笙差一點被加進滴鼻藥水的毒藥毒死。另外，王宮裡的廚師企

圖用有毒食物毒死胡笙，但所幸陰謀敗露而沒有成功。

　　1970 年胡笙和巴勒斯坦反抗力量之間的衝突日益嚴重，巴勒斯坦戰士滲透到大部分政府辦公大樓和警察局的附近地區，並開始向約旦情報局的辦公大樓開火。

　　一天中午，安全保衛部門的負責人扎耶德得到情報說有人試圖暗殺國王，便急忙找到國王向他通報消息。而國王對這個情報並不重視，反而要求扎耶德陪他一起到情報局看一看。

　　胡笙懷抱一支自動步槍坐在汽車的副駕駛位置上，扎耶德和國王的舅舅謝里夫坐在後排，三輛滿載士兵的吉普車在前後護衛。當他們行駛到一個十字路口時，被巴勒斯坦戰士設置的路障擋住了，三個士兵下車清理路障時，埋伏在周圍的巴勒斯坦戰士當場打死了他們。

　　吉普車上的士兵們跳下車開始還擊，謝里夫也從車上跳下來，打開車門要把國王拉到旁邊的壕溝裡躲避。胡笙當時好像氣瘋了一樣，他打掉謝里夫拉他的手，從車窗向外射擊。扎耶德也從車上跳下來，攔腰抱住國王，一起滾到了旁邊的溝中。他們兩個重重地跌在謝里夫的身上，把謝里夫的腰扭傷了。終究是約旦士兵的火力強一些，巴勒斯坦戰士們開始陸續撤退，槍聲開始稀落，國王化險為夷。

　　1982 年，格達費出資八百萬美元命令利比亞駐約旦大使阿齊茲‧謝尼布幹掉親西方的胡笙。胡笙經常到亞喀巴灣，格達費計畫在他飛行的途中擊落飛機，格達費教謝尼布不要在飛機正常飛行時開火，以防胡笙可能跳傘逃生，應該在飛機開始下降，或者

將要著陸時開火，保證他無法逃生。

　　謝尼布後來向胡笙國王和敘利亞總統阿塞德告密，格達費的暗殺計畫失敗，謝尼布叛逃到埃及開羅。

第二節　冒險的代價——與伊拉克合併

　　1953 年 5 月 2 日胡笙在約旦的安曼舉行加冕典禮時，他的堂兄，同時也是他就讀哈羅公學時的同學費沙爾，也在伊拉克的巴格達舉行加冕典禮，成為伊拉克國王。

　　1950 年代的阿拉伯世界，阿拉伯國家合併和統一的呼聲一波高過一波。1958 年 2 月 1 日，埃及總統納塞和敘利亞總統庫瓦特利在開羅簽訂條約，兩國統一成阿拉伯聯合共和國。這種跨越地理的阿拉伯合併使約旦等國的君主制顯得更加過時和落伍。

　　胡笙有些坐不住了。在埃、敘宣布聯合之後，約旦和伊拉克也舉行了一系列部長級會談，商討約旦和伊拉克合併的可能性。1958 年 2 月 10 日，伊拉克國王費沙爾應胡笙的邀請訪問安曼，兩國元首決定兩國合併，費沙爾將成為聯合國家的元首，胡笙為副元首。首都每六個月在巴格達和安曼之間輪流設立，外交政策、財政、教育和外交代表等將逐步統一，聯合國家的國會由兩國相同數目代表組成。2 月 14 日兩國簽訂了合併條約，胡笙在演說中對他的臣民們說：「這是我一生中最幸福的日子，也是阿拉伯歷史上最偉大的一天。我們站在同一面大旗——阿拉伯民族主義的大旗下，站在我們的祖先胡笙‧伊本‧阿里大帝在偉大的阿拉伯起

圖 24：胡笙與費沙爾

義中高舉過的旗幟下。」埃及總統納塞也發來了賀電，讚揚了胡笙和費沙爾對阿拉伯統一做出的貢獻。

兩國合併後不久，費沙爾決定派遣他的裝備有坦克的機動化部隊第三步兵師到約旦去，加強胡笙國王的防務力量。第三步兵師的師長對費沙爾國王忠心耿耿。但是這個師中兩個旅的旅長阿里夫上校和卡西姆上校卻早已密謀政變。這個師從駐地開到約旦，必須穿過首都巴格達，給他們一個謀反的大好機會。

1958 年 7 月 14 日早上 6 時左右，第三步兵師在穿過巴格達時，阿里夫和卡西姆旅的坦克和裝甲車突然調轉車頭占領了廣播電臺，然後向王宮挺進。王宮衛隊很快被消滅，費沙爾國王被當場擊斃，王室人員也被集中到一起，用機槍全部打死。約旦原首相、聯合政府的副首相伊布拉欣·哈希姆一起被害。

　　當天晚上埃及政府就承認了伊拉克新政權，土耳其、美國和英國也先後宣布給予承認。伊拉克新政府被國際社會迅速承認後，立即準備進攻約旦。

　　面對伊拉克的大軍壓境，胡笙果斷地採取措施。他召集內閣、眾議院和參議院，向他們宣布：形勢非常嚴峻，他準備請求美國和英國出兵保護約旦。做出決議後，才發現英國和美國的大使都不在安曼，胡笙立即召見了兩國的代理人，要求他們立即向各自的政府聯繫，迅速出兵援助。與此同時，胡笙冒著生命危險到處視察軍營，以他的鎮靜和自信瓦解了試圖趁火打劫的軍官們的企圖，胡笙受到了士兵們的熱烈歡迎，許多平民志願加入了保衛首都安曼的隊伍。

　　隨著英國第十六空降旅的到來，胡笙的狀況逐漸得到好轉。8 月 21 日聯合國大會通過了一項要求尊重各別國家主權的決議，更使胡笙喜出望外。同時，聯合國還決定派遣一名代表到約旦訪問、考察。更為重要的是，美國宣布立即向約旦提供五千萬美元的財政援助，英國政府也向約旦追加了一千萬英鎊的援助。

　　在強大的國際壓力下，伊拉克政府宣布尊重約旦的主權和領土完整，阿拉伯世界反對胡笙的聲音也逐漸減弱，胡笙再次轉危為安。

第三節　小國大敗──第三次中東戰爭中的約旦

　　1956 年的蘇伊士運河戰爭（即第二次中東戰爭），是一次英

國和法國侵略埃及的戰爭。但以色列卻把這次戰爭看做投靠西方、削弱埃及力量的機會。以色列站在西方一邊入侵埃及，激起阿拉伯國家的強烈憤慨。作為阿拉伯世界的一員，約旦堅決維護阿拉伯兄弟的利益，在政治上和道義上站在埃及這邊，但在軍事上並沒有捲入戰爭。

1952 年 7 月埃及自由軍官組織在納塞的領導下推翻了法魯克王朝的統治，1953 年 6 月 18 日，埃及共和國宣布成立。1956 年 7 月 7 日，納塞當選為埃及議會制政府總統，這使實施君主制的約旦感到巨大壓力。在對以色列的關係上，約旦的立場與埃及、敘利亞完全不同。因此，胡笙和納塞矛盾尖銳。在第三次中東戰爭前舉行的一系列會議上，約旦作出的判斷是：「以色列的主要目標是西奈半島的埃及人和格蘭高地的敘利亞人。總之從各種管道得到的消息表明，以色列無意進攻約旦，除非被迫這樣做」。

1967 年春，中東上空戰雲密布。以色列在同敘利亞的邊境上集結了重兵，揚言要在既定的時間和地點，對敘利亞發動進攻，必要時將占領敘利亞首都大馬士革。以色列軍隊還在邊境挑起小規模軍事衝突，並派出飛機侵犯敘利亞的領空，敘利亞空軍派出六架戰鬥機迎戰，不幸全部被以色列空軍擊落。與敘利亞簽署共同防禦協定的埃及總統納塞，立即宣布埃及軍隊進入緊急狀態，要求聯合國緊急部隊撤出中立區，並封鎖以色列的重要出海口亞喀巴灣。納塞的舉動博得了阿拉伯世界的一致喝彩。

胡笙在安曼焦急地看著納塞一步步走向以色列設置的圈套，認為埃及在將要爆發的戰爭中註定要失敗。因為那時埃及的精銳

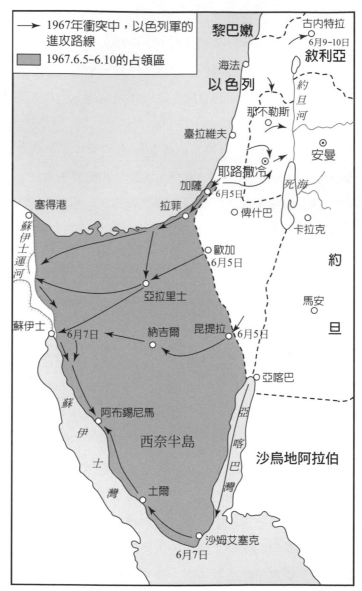

圖25：第三次中東戰爭

部隊正在葉門戰場上作戰，埃及國內也還沒有為戰爭作好充分的準備。

當時在約旦的巴勒斯坦人占約旦總人口的 65%，這些離鄉背井、流離失所的人時時刻刻想收復被以色列占領的土地，他們在約旦國內形成了一股強大的主戰勢力。如果胡笙不支持納塞反擊以色列，境內的巴勒斯坦人就會敵視哈希姆王朝，可能起來造反。

5 月 18 日，胡笙派遣他的總參謀長哈馬什到開羅商談聯合對以色列作戰的事宜，但是哈馬什遭到了冷落，埃及人對他說，戰爭是埃及和敘利亞的事，與約旦人無關。經過反覆權衡和思考，5 月 29 日胡笙決定親自去埃及。5 月 30 日早 7 時，胡笙直飛開羅，與他同行的有首相、外交大臣、總參謀長和空軍司令。納塞同埃及的四位副總統、總理和陸軍元帥阿密爾在開羅阿勒馬扎空軍基地迎接胡笙一行。

埃及之行使約旦與埃及簽訂了一份防務條約，根據防務條約規定，約旦軍隊劃歸埃及統一指揮。在準備條約的過程中，胡笙抓住機會向納塞解釋了約旦境內的巴勒斯坦人問題。總部設在開羅的巴勒斯坦解放組織第一任主席艾哈邁德‧舒凱里一直鼓動約旦境內的巴勒斯坦人推翻胡笙的統治，這直接危害了約旦的治安和穩定。胡笙希望能改善約旦和巴勒斯坦解放組織的關係，希望納塞能勸說艾哈邁德‧舒凱里。透過納塞的穿針引線，艾哈邁德‧舒凱里與胡笙國王握手言和，他搭乘胡笙國王的專機一同返回約旦。

會議結束後，納塞拉著胡笙的手走進他的辦公室，納塞抓起

電話分別撥給伊拉克總統和敘利亞總統，告訴他們他剛剛與胡笙簽訂了條約，他們對新條約表示歡迎，納塞在打電話時還把話筒遞給胡笙，兩位總統分別向胡笙表示了對條約的歡迎，並向胡笙本人和他的人民致以崇高的敬意。長期與約旦為敵的兩個國家終於化干戈為玉帛，團結一致，共同對敵。

1967 年 6 月 5 日上午 8 時 45 分，以色列打響了第三次中東戰爭的第一槍。以色列強大的空軍先發制人地對埃及的空軍基地發動大規模轟炸，不到三個小時，埃及空軍的三百四十架飛機只剩下三十一架，徹底喪失了制空能力，兩小時後伊拉克和敘利亞的空軍也被以色列摧毀。可以說在戰爭開始的最初五個小時內，阿拉伯人就已經一敗塗地了。

1967 年 6 月 5 日上午 10 時許，胡笙國王得到了埃及方面關於戰爭爆發的通知，以及「命令約旦前線總指揮部按照前一天擬定的計畫開闢新戰場，展開進攻」的電報，埃及總統納塞也親自打電話給胡笙，報告「大約 75% 的敵機已被擊毀或擊傷」，「埃及空軍正在西奈半島反擊以色列」等完全虛假的消息。在真相不明的情況下，約旦國王胡笙選擇了參戰。戰爭爆發的那個早上，胡笙正在王宮內與王后穆娜共進早餐。他接到戰爭爆發的消息後，馬上飛車趕到軍事指揮中心，那裡已經收到了埃及陸軍元帥阿密爾發來的電報。

約旦軍隊於上午 11 時左右投入戰鬥，此時埃及軍隊已經全面崩潰。在約旦投入戰鬥後不久，以色列則通過駐紮在耶路撒冷的挪威籍聯合國部隊指揮官向胡笙國王轉交了一封信件，信中說：

「以色列與埃及的戰爭已經結束了，如果約旦能保持中立，以色列將不會有攻擊約旦的行動。」

胡笙錯誤地把以色列人發出的信息當作了誘降行動，他斷然回信說：「你們已經挑起了戰爭，現在將會從空中得到我們炮彈的答覆。」

以色列人於 12 時 30 分發動了對約旦的攻擊。不到兩個小時，約旦小小的空軍喪失殆盡。以色列空軍在幹掉了約旦的飛機後，轉頭轟炸胡笙的王宮，一枚火箭正好穿過胡笙的書房，把他經常坐的一把椅子炸得粉碎。

以色列的地面部隊向耶路撒冷和約旦河西岸發動進攻，到 6 月 6 日上午 10 時，聖城耶路撒冷和西岸被以色列軍隊攻占。形勢已經到了千鈞一髮的關鍵時刻，如果處理不當，約旦很快就會被以色列全部占領。約旦外交大臣給駐聯合國的大使打電話，要求他盡快在聯合國呼籲停火。

聯合國下令從 6 月 6 日晚間 10 時停火，此時，約旦的空軍已經全部被摧毀，裝備有九十輛坦克的主力部隊賈茲伊裝甲旅只剩下了八輛坦克，死傷人員超過了六千人。到停火時，以色列牢牢地占領了約旦河西岸和全部耶路撒冷。約旦成為第三次中東戰爭中損失最慘重的國家。在停火協議生效後，胡笙忍痛向約旦人民發表講話：「我們英勇地戰鬥了，我們是光榮的戰士，總有一天，阿拉伯世界會承認約旦在這次戰爭中的作用。但現在約旦河西岸失去了，耶路撒冷失去了，每當我想起那些為國捐軀的戰士們，我的心都碎了，我把他們看得比自己的生命都重要。」「同胞們，

我們所遭受的苦難是任何人所不能想像的,但是無論困難有多大,我們決不能動搖我們收復失去一切的決心。」

　　然而殘酷的現實使胡笙逐漸認識到約旦不是以色列的對手,又與以色列有漫長的邊界。以色列能在任何時候進犯約旦。胡笙認為,約旦要存在下去就要默認以色列的存在,這是唯一理智的選擇。於是,胡笙開始公開敦促同以色列進行和談。1969 年 4 月胡笙提出了解決中東問題的「六點主張」,這六點主張的內容是:㈠結束敵對行動;㈡尊重並承認這個地區所有國家的主權、領土完整和政治獨立;㈢承認在公認和確定的邊界範圍內各國人民和平生活的權利,不受任何戰爭威脅或戰爭行動之害;㈣確保一切國家在亞喀巴灣和蘇伊士運河上的通航自由;㈤採取各種必要措施,包括建立「非軍事區」,來確保這個地區所有國家的領土不受侵犯;㈥公正解決巴勒斯坦難民問題。

　　事實上,早在 1967 年戰爭以前,胡笙就開始秘密地會晤以色列的高級官員。秘密會晤的地點最初是在巴黎,1967 年以後轉移到倫敦哈利街的一家猶太人的診所裡,之後又在亞喀巴灣的一個小島上。1974 年以色列前總理拉賓上臺執政後,會晤的地點又搬到了沙漠裡。在這些頻繁的會晤中,以色列方面先後參加會談的官員有果爾達‧梅厄夫人(前總理)、伊扎克‧拉賓(前總理)、伊加爾‧阿隆(前副總理)、阿巴‧埃班(前外長)、摩西‧達揚(前外長)、希蒙‧佩雷斯(前國防部長)等政府高級官員。和胡笙國王會晤最多的是以色列副總理伊加爾‧阿隆,參加了十四次會晤。以色列前外長阿巴‧埃班也曾十二次參加會談。胡笙還把

一支刻有「哈希姆」字樣的金筆贈給埃班，將一把古劍贈予阿隆。
他收到的回贈禮物是一支以色列製造的加利利步槍。

　　國外新聞界多次披露胡笙與以色列秘密會談的消息，一些阿
拉伯國家也指責胡笙暗中勾結以色列，並揭露他有吞併西岸、建
立「聯合王國」的野心。1967 年戰爭後，由於以色列堅持占領阿
拉伯領土，阿拉伯國家對以色列實行三不政策，即不承認以色列、
不與以色列談判、不與以色列建交。因此任何一個阿拉伯國家在
公開場合單獨與以色列接觸都是冒天下之大不韙。

　　1973 年戰爭期間，約旦在政治上和經濟上大力支持埃敘兩
國，但並沒有參戰。戰後，在美國特使季辛吉的斡旋下，討論中
東和平問題的日內瓦和會於 1973 年 12 月召開。埃及、約旦和以
色列接受了邀請，但敘利亞拒絕參加。日內瓦和會最終不了了之。
阿拉伯國家集體與以色列談判仍難以成功。此後，埃及開始了單
獨與以色列實現和平的進程。1978 年埃以簽署〈大衛營協議〉，
並在 1982 年建立了外交關係。隨著國際形勢的變化，約旦也開始
依循埃及的腳步，尋求與以色列關係的正常化。

　　1975 年，聯合國接納巴勒斯坦解放組織為觀察員成員，承認
巴勒斯坦解放組織為巴勒斯坦人唯一合法的代表。巴解組織的鬥
爭得到了阿拉伯國家的普遍支持。1982 年 9 月，第十二屆阿拉伯
國家領袖會議在摩洛哥非斯舉行，在會議決議中，阿拉伯國家第
一次承認了以色列存在的事實。1987 年 12 月，巴解組織在加薩
和約旦河西岸地區發動了大規模的起義，顯示了巴勒斯坦人要在
被占領土上建立國家的決心。為了配合巴勒斯坦人的鬥爭，1988

年 7 月 31 日，約旦國王胡笙宣布斷絕與約旦河西岸的法律和行政關係。同年 8 月 23 日，巴解執委會主席阿拉法特在巴格達簽署了關於巴解組織接管約旦河西岸的初步措施的文件。在此基礎上，1988 年 11 月 12–15 日，巴勒斯坦全國委員會第十九次特別委員會在阿爾及爾舉行。阿拉法特宣布了〈獨立宣言〉和〈政治宣言〉。胡笙國王深明大義，妥善解決了歷史遺留問題，為實現約以關係正常化奠定了良好的基礎。

八面玲瓏：小國的大外交

第一節　同室操戈──黑色九月事件

　　第一次中東戰爭以阿拉伯人的失敗而告終，但是阿布都拉的阿拉伯軍團占領了約旦河西岸的部分土地和東耶路撒冷。 1950年，約旦政府宣布將占領的西岸地區和東耶路撒冷併入約旦版圖。這些地區的巴勒斯坦居民和從以色列占領區逃出來的巴勒斯坦難民，總共有七十多萬。約旦的總人口從原來的四十五萬左右，增到一百二十多萬。

　　為了使七十多萬巴勒斯坦人能歸順他的統治，阿布都拉國王對他們一視同仁，他任命了十三名外約旦人和七名巴勒斯坦人組成參議院（又稱上議院），在下議院（即國民議會或眾議院）東西兩岸各二十名議員。國王還任命巴勒斯坦人擔任地方的軍事長官、行政長官和耶路撒冷的穆夫提，甚至有多名巴勒斯坦人進入內閣，擔任教育部、社會福利部和外交部的大臣。阿布都拉因此得到了

　　許多巴勒斯坦精英家族的擁護和熱愛，相當一部分巴勒斯坦人把約旦當作了自己的國家。

　　但是，也有一部分巴勒斯坦人並沒有歸順阿布都拉，特別是阿布都拉在第一次中東戰爭中把約旦河西岸和東耶路撒冷據為己有，使他們無法原諒他。他們視約旦政府兼併原屬巴勒斯坦的約旦河西岸和東耶路撒冷為侵略行為，甚至懷疑阿布都拉和猶太人勾結，共同瓜分巴勒斯坦。於是，部分激進的巴勒斯坦人暗殺了阿布都拉。

　　兩年後胡笙登基成為約旦的新國王，但是面臨的問題依然是巴勒斯坦人。為了促進境內巴勒斯坦人和約旦人的融合，胡笙特頒布法令，要求境內的各民族不論族屬，一律稱為約旦人。這項政策沒有能貫徹下去，居住在西岸的部分巴勒斯坦人對國王的命令陽奉陰違，並不斷地以約旦為根據地襲擊以色列。

　　巴勒斯坦人的抵抗運動得到了阿拉伯世界和國際社會的廣泛支持，胡笙對此大感頭痛，左右為難。1964年埃及總統納塞在開羅召開阿拉伯國家領袖會議，胡笙也應邀參加。納塞在會議中提出，為了幫助巴勒斯坦人對抗以色列，阿拉伯國家應該支持巴勒斯坦人成立國家性質的巴勒斯坦解放組織，並協助建立一支巴勒斯坦解放軍。

　　會議在進行表決時，只有胡笙一人反對。會後在埃及成立了巴勒斯坦解放組織，以艾哈邁德・舒凱里為主席，幾年後阿拉法特成為第二任主席。

　　巴勒斯坦解放組織的成立，激發了巴勒斯坦人的民族和國家

意識。他們加大了以約旦為根據地武裝抗擊以色列的軍事行動，以色列對此進行大規模的報復，約旦的村莊、城市屢遭以色列人的掃蕩。約旦成為巴勒斯坦人和以色列人爭鬥的代罪羔羊，所以胡笙和阿拉法特等人的矛盾開始逐步激化。

　　1967 年的第三次中東戰爭，使約旦失去了對約旦河西岸和東耶路撒冷的控制權。大量的巴勒斯坦難民湧入約旦本土，阿拉法特和他的抵抗力量的營地也隨即搬遷到了約旦首都安曼附近，巴勒斯坦人對游擊隊的活動持同情支持態度，而巴勒斯坦難民營的行政、治安權掌握在游擊隊手中，約旦政府無權過問。約旦政府擔心長期下去難民營就會成為「國中之國」。約旦河西岸失去以後，約旦的旅遊業損失嚴重，外匯收入減少，約旦失去了 80% 的水果、45% 的蔬菜和 25% 的穀物產地。游擊隊的基地集中在約旦河谷地區，他們對以色列的襲擊活動往往招致以色列軍隊報復性的入侵，像是 1969 年，以色列炸毀了東果爾運河的水利灌溉設施，約旦的農業生產大受影響。巴勒斯坦解放組織的總部和其他游擊隊組織的基地都設在約旦，約有五萬名游擊隊員和其他武裝人員聚集在此，與約旦五萬五千人的軍隊人數不相上下。另外，約旦軍隊中還有 35% 的官兵是巴勒斯坦人，他們是游擊隊的同情者。當時的游擊隊組織認為「武裝鬥爭是解放巴勒斯坦的唯一方式」，反對透過政治談判解決巴勒斯坦問題，反對約旦參加中東和談。巴勒斯坦人民解放陣線、解放巴勒斯坦民主陣線提出在「解放臺拉維夫之前必須解放安曼」、「一切權利歸抵抗運動」❶，他們宣布在約旦北部建立「解放區」，準備推翻約旦王室政權。這一

圖 26：巴勒斯坦解放組織領袖阿拉法特

切嚴重威脅到約旦的國際安全和國內安全。

為了協調，減少以人對約旦國土的侵犯，胡笙在他的王宮接見了阿拉法特，請求他控制巴勒斯坦反抗力量對以色列的襲擊。會見的結果當然是不歡而散，阿拉法特拒絕配合。

阿拉法特的士兵們也變得越來越大膽，他們公開在首都安曼的大街上設置障礙，攔截過往汽車，有的還參與綁架、攻擊警察局和劫掠外國遊客等活動。更為嚴重的是，1970 年 9 月 6 日，巴勒斯坦解放組織下屬的激進組織巴勒斯坦人民解放陣線把美國泛美航空公司的飛機劫持到貝魯特機場，當機上人員撤離後將飛機炸毀。另外，又將美國環球航空公司、瑞士航空公司、英國海外

---

❶　「抵抗運動」指湧入約旦王國內部的巴勒斯坦各種反抗以色列的游擊隊，「一切權利歸抵抗運動」不僅意味著湧入約旦的巴勒斯坦難民歸他們管轄，也意味著約旦王國內形成了另一個權力中心，形成「國中之國」，此舉嚴重威脅了約旦王國的主權統一。

圖 27：胡笙與納塞商討巴勒斯坦問題

航空公司的各一架客機劫持到約旦的道森機場（是一個廢棄機場，
巴勒斯坦人民解放陣線稱為革命機場）。9 月 12 日，當六百名人
質撤離後，他們引爆了三架飛機。這些行為破壞了巴勒斯坦解放
組織在國際上和阿拉伯世界的聲譽，為約旦政府鎮壓游擊隊提供
了良好的國際環境和藉口。

　　9 月 16 日，胡笙國王宣布成立軍政府並實行戒嚴。9 月 17 日
4 時 45 分，約旦的裝甲部隊和炮兵向安曼市內的游擊隊陣地發動
全面進攻。但是阿拉法特並未退縮，命令巴勒斯坦游擊隊向約旦
軍隊進攻，這就是阿拉伯歷史上的悲劇——「黑色九月事件」。

　　戰爭爆發後，安曼市區立即陷入了大亂，約旦軍隊中的巴勒
斯坦籍士兵臨陣倒戈，加入了反政府隊伍，胡笙國王的宮殿被包
圍，電力和通訊都被切斷，胡笙再次走到了危險的邊緣。

　　在胡笙快要頂不住的時候，美國駐約旦大使冒著槍林彈雨，

驅車到王宮中見胡笙。第二天六艘美國軍艦滿載著二萬名美國海軍陸戰隊員到達約旦。在衝突中，只有敘利亞對游擊隊給予象徵性的支持。在沒有空軍掩護的情況下，敘軍從地面越過邊界進入約旦。但是，當得知美國支持以色列進攻敘利亞的時候，就班師回國了。

　　阿拉伯國家派出調解團到約旦，並邀請胡笙和阿拉法特到埃及開羅，參加由埃及總統納塞主持的和平會議。9 月 27 日，在納塞的斡旋下，胡笙和阿拉法特終於達成了停火協議，胡笙保證今後將支持巴勒斯坦抵抗運動，阿拉法特亦宣布放棄對胡笙的敵對立場。

　　胡笙返回約旦後，立即改組政府，起用鐵腕人物瓦斯法（後被敵人暗殺）為首相兼任國防部長，利用停火的機會，調動約旦貝都因人部隊駐守境內的各重要據點，對不服從命令的巴勒斯坦人一律堅決鎮壓，穩定了局勢。從 1970 年 11 月到 1971 年 4 月，約旦軍隊把巴勒斯坦解放組織及游擊隊從安曼、伊爾比德等大城市趕出去。1971 年 7 月，約旦軍隊最後攻占巴勒斯坦解放組織的大本營阿杰隆和賈拉什。據阿布‧伊亞德在《不回故鄉，毋寧死亡》一書中說，三千名游擊隊員浴血奮戰，七百名戰死，二千人被俘。阿拉法特和他的戰士無法在約旦立足，紛紛逃到其他國家，有的甚至跑到以色列避難。

第二節　苦口婆心──維護團結追求和平

中東和平進程艱難曲折，備受傷害的阿拉伯國家對支持和祖護以色列的美國十分氣憤。在阿拉伯人看來，不管對錯與否，美國都會支持以色列，因為以色列是美國在中東唯一可以依賴的戰略資產，以色列的軍事力量是美國可資利用的一支強大力量，以色列是美國在中東最忠心耿耿的政治盟友，美國約有六百萬猶太人，在美國政治界和輿論界擁有很大的發言權，猶太遊說集團對美國國會和政府施加強大影響，因此美國堅決支持以色列。

為了擺脫在中東問題上的困境，美國歷屆政府都重視以阿衝突，從雷根時期就希望約旦能和以色列進行雙邊談判，因為胡笙在充滿暴力的中東地區是個各方都能接受的溫和派。但是胡笙自1974 年的拉巴特會議以來，始終遵守阿拉伯領袖會議的決議，面對美國的壓力他表示任何有關巴勒斯坦的談判都必須有阿拉法特所代表的巴勒斯坦解放組織參加。

為此，胡笙呼籲促進中東和平進程的唯一方式是舉行一次包括巴勒斯坦解放組織和聯合國安理會五個常任理事國參加的國際會議。1987 年 4 月，胡笙派首相到美國與當時的國務卿舒爾茨商討召開一次國際會議的可能性，但是遭到了美國的拒絕。

胡笙在巴勒斯坦問題上的態度，得到了阿拉伯國家的高度評價，約旦在中東地區的地位逐漸上升，胡笙多年的努力終於得到了回報。1987 年初，阿拉伯各國領袖一致同意，新一次阿拉伯國

家最高領袖會議將在約旦的安曼召開。

為了使安曼領袖會議順利進行，胡笙苦口婆心勸說，使中東大國敘利亞總統阿塞德和伊拉克總統海珊捐棄前嫌，握手言和。海珊和阿塞德分別是阿拉伯復興黨兩個最大對立派系的領袖，長期水火不容，明爭暗鬥。在長達八年的兩伊戰爭中，阿塞德一直支持伊朗，仇恨伊拉克。

胡笙來回奔走，終於感動上蒼，1987 年 4 月海珊和阿塞德在約旦南部的沙漠城市吉弗進行了會談。在胡笙的斡旋下，這兩個互相敵對的阿拉伯國家都同意實現和平，但都提出了自己的條件。阿塞德希望同伊拉克簽訂全面的和平條約，海珊要求阿塞德完全承認伊拉克政權和伊拉克復興黨的合法性，胡笙使盡全身解數，也沒能就兩人提出的條件找到一個妥協的辦法。但是會談的舉行就說明了胡笙高明的外交手腕和約旦的地位，也表明兩國持續多年的敵對狀態開始解除。七個月後，阿塞德和海珊都參加了在安曼召開的阿拉伯領袖會議。

約旦在兩伊戰爭一開始就支持伊拉克，大多數阿拉伯國家也都站在伊拉克一邊，只有阿塞德的敘利亞和格達費的利比亞支持伊朗。為制止戰爭，聯合國安理會通過了要求兩國停火的 598 號決議。伊拉克表示接受聯合國的決議，而伊朗的態度不明。向來獨行其事的格達費抓住這個機會迅速改變立場，支持伊拉克，但阿塞德仍堅持其立場。胡笙在安曼會議上的首要目的就是要說服阿拉伯國家用同一個聲音說話。

會議在胡笙的主持下召開。阿塞德總統也宣布將與其他阿拉

伯國家一樣，服從阿拉伯團結的號召，團結在伊拉克周圍❷。安曼會議是一次巨大的成功，是胡笙國王外交才能的勝利。這在相當大的程度上歸功於胡笙細緻的會前準備，與主持會議時的耐心與權威。

這次會議後，胡笙被阿拉伯國家公認為公平的裁決者和協調者。在胡笙的呼籲下埃及得以重新回到阿拉伯世界的懷抱，使埃及對胡笙非常感激，更加大了胡笙在中東地區說話的分量。

1991 年 10 月 30 日，中東和平國際會議在西班牙的馬德里召開。會後，中東和談在多邊和雙邊會談兩條軌道上進行。從 11 月 3 日開始，以色列與敘利亞、黎巴嫩、約旦和巴勒斯坦的直接談判開始進行。巴勒斯坦人作為約旦代表團的一部分參加了與以色列的談判。在約以雙邊會談中，討論了難民、安全、水資源、環境、經濟合作與能源等問題。約以談判的氣氛相對於黎以、敘以及以色列人與巴勒斯坦人的談判氣氛要好些，但約旦也不願走在其他阿拉伯國家的前面，因此約以談判沒有首先取得突破。

1993 年 9 月，以色列與巴勒斯坦人的談判終於取得突破，約旦與以色列的談判也加快了進程。1994 年 5 月 19 日，以色列總理拉賓和約旦國王胡笙秘密會晤，雙方決定加快談判進度。7 月 18 日，約以兩國代表就領土糾紛、水資源分配和國家安全等事項

---

❷　在兩伊戰爭中，伊拉克自稱代表「阿拉伯民族利益」，為抵制伊朗輸出伊斯蘭革命而戰，這次會議協調了阿拉伯各國立場，達到了阿拉伯各國支持伊拉克的目的。

圖 28：以色列總理拉賓與約
旦國王胡笙　1994 年，約以
兩國在白宮的斡旋下，完成
和平協定的簽署，雙方於會
後共同出席記者會，並握手
表現和解之意。

進行商談。7 月 20 日，以色列外長佩雷斯、約旦首相馬賈利和美
國國務卿克里斯多福加入談判，最終擬定了將要發表的約以聯合
宣言的內容。

　　1994 年 7 月 25 日，約以兩國在美國白宮舉行了〈華盛頓宣
言〉的簽字儀式，宣布約以之間的「交戰狀態已經結束」。表示兩
國將遵守以下「五項基本原理」：㈠約以追求的目標是以色列和鄰
國間實現公正、持久、全面的和平並簽署和平條約；㈡兩國通過
談判，根據安理會有關決議，在自由、平等、公正原則上實現和
平；㈢以色列尊重約旦目前在耶路撒冷聖地的特殊作用，在該城
永久地位談判中將優先考慮這一作用；㈣兩國承認並尊重該地區
所有國家的主權、領土完整和政治獨立；㈤兩國發展睦鄰友好關
係，不以武力相威脅。

　　〈華盛頓宣言〉簽署後，約以關係迅速發展。1994 年 10 月
16 日，以色列總理拉賓和外長佩雷斯訪問約旦，次日，拉賓和約
旦首相馬賈利草簽了〈約以和平條約〉。11 月 26 日，在約以邊界
的約旦河谷，由美國總統柯林頓和俄羅斯外長科濟列夫主持，舉
行了隆重的〈約以和平條約〉簽字儀式。約以長達四十六年的戰
爭狀態正式結束。11 月 27 日，兩國建立大使級外交關係，實現
了關係完全正常化。約旦是繼埃及之後第二個承認以色列的阿拉
伯國家，對中東的和平起了重大的推動作用。

　　約以建交後，兩國各方面的關係發展較快。1995 年 8 月，約
旦議會取消了對以色列的經濟禁運。1995 年 11 月，第二屆中東
北非地區經濟合作領袖會議在安曼召開。約以邊界開放後，兩國
商界不斷地新建合資企業。幾年來，雙方簽署了十五項經濟合作
協議，內容包括環境保護、商業與貿易、交通運輸、水資源、農
業、打擊犯罪與非法毒品走私、通信與郵遞、科學與文化教育、
旅遊等等。特別是以色列向約旦的出口增加迅速。1996 年以色列
向約旦出口約九百萬美元的商品，1998 年就達到了三千五百萬美
元。約以還在約旦的伊爾比德建立了經營農產品的聯合企業，應
用以色列先進的農業生產技術。另外，跨越兩國邊界的旅遊業也
得到較大發展。近幾年，每年約有十萬以色列遊客去約旦旅遊，
約旦也有約五萬人去以色列。但約以經濟聯繫與合作存在著嚴重
的不平衡性。兩國的經濟發展水平相差懸殊。2000 年，以色列的
國民平均所得約一萬七千美元，而同期的約旦只有一千二百多美
元，兩者相差十多倍。以色列向約旦的出口增加很快，而約旦向

以色列的出口增加緩慢。

　　約旦現有人口六百七十萬，60% 以上是巴勒斯坦人，其中
1948 年戰爭中流入約旦控制區的巴勒斯坦人已在 1954 年取得了
約旦公民身分。據聯合國近東巴勒斯坦難民救濟和工程處的統計，
目前在約旦仍有約一百五十萬巴勒斯坦難民。五十多年來，約旦
政府每年要為安置這些難民支付三億五千萬美元，給約旦造成了
沉重的經濟負擔。

第三節　左右為難──約旦與波斯灣戰爭

　　約旦從阿拉伯民族主義出發，重視與伊拉克、科威特、沙烏
地等波斯灣阿拉伯國家發展關係，並從這些國家得到大量援助。
在兩伊戰爭期間，約旦站在阿拉伯兄弟伊拉克一邊，並派出五千
人的志願兵赴伊拉克參加兩伊戰爭。約旦由於採取堅決支持伊拉
克的立場，便與伊朗斷交。

　　1988 年 8 月 8 日，兩伊戰爭結束。八年戰爭沉重打擊了伊拉
克經濟，戰前伊拉克有三百多億美元的外匯盈餘，戰後伊拉克負
債五百多億美元，窮凶惡極的海珊把手伸向富裕的阿拉伯小兄弟
科威特。當時，科威特國土只有一萬七千八百一十八平方公里，
1990 年人口（包括外國僑民）二百一十四萬，其中科威特本國人
口五十九萬八千人，但已知的石油儲量近一千億桶，天然氣儲量
達一萬五千億立方公尺， 1989 年國民生產總值三百三十多億美
元，國民平均所得在 1988 年時已有二萬美元以上。科威特的國庫

裡存放著三百五十億美元的外匯，二百五十多萬盎司的黃金，七百五十六億美元的後代儲備金❸，1990 年 8 月 2 日前，科威特投資管理局直接控制的海外資產約六百億，科威特中央銀行的海外資產約五百億美元。然而科威特只擁有二萬軍隊，是個富裕而脆弱的國家。1988 年 8 月 9 日，海珊總統開始指責科威特違反石油輸出國組織的協定，超產石油，並在伊科交界的魯邁拉地區偷採屬於伊拉克的石油。海珊向波斯灣國家提出的三個條件：科威特將與伊拉克有爭議的魯邁拉油田交還伊拉克；把沃爾拜島和布比延島租借給伊拉克九十九年；波斯灣國家勾銷伊拉克欠的所有債務。1990 年 2 月 26 日至 3 月 3 日，胡笙前往波斯灣各國進行調解，沒有得到任何積極的結果，相反地，科威特埃米爾還向胡笙明確表示，只要伊拉克沒有正式承認科威特的主權，科威特就拒絕與伊拉克談判，伊拉克在 1963 年曾經承認過科威特的主權，但是海珊上臺後又取消了這個決定。1990 年 7 月，伊拉克與科威特兩國關係日趨緊張，胡笙國王憂心如焚。他主張伊拉克與科威特兩個阿拉伯兄弟國家透過協商對話解決爭端。為此，他奔走呼籲，積極進行斡旋。胡笙國王與伊拉克、科威特兩國領袖進行了電話聯繫，並對兩國進行了訪問。但由於海珊蓄意要發動侵略戰爭，胡笙國王及其他阿拉伯領導人的調解注定要失敗。

---

❸　後代儲備金：科威特政府為後代在石油資源開採完之後而儲備的資金，這筆資金或者購買跨國公司的股票，或者購買政府債券，或者變成銀行資本發放貸款，以實現這筆資金的保值和增值，為科威特的後代子孫留下龐大的財富。

　　1990 年 8 月 2 日凌晨 2 時，海珊一聲令下，集結在伊科邊境上的十萬伊拉克重兵，在三百五十輛重型坦克的掩護下，沿著一百二十五公里長的伊科邊界，僅僅用九個小時就占領了科威特，科軍有六百人被擊斃，五千人撤退到沙烏地阿拉伯；其餘大部分潰散或投降，王室人員狼狽逃到沙烏地阿拉伯避難，波斯灣戰爭爆發了。伊拉克入侵科威特後，約旦的西部是強大的以色列，東部是咄咄逼人的伊拉克。夾縫中的胡笙的確不敢得罪海珊這個暴君。而且，約旦和伊拉克經濟上的聯繫千絲萬縷，約旦有十萬多名工人和技術人員在伊拉克工作，每年的勞務收入超過十億美元。約旦的亞喀巴港口因為伊拉克大量的進出口貨物而變得繁榮，成為約旦的聚寶盆。

　　胡笙主張通過對話採取阿拉伯方式解決伊、科爭端問題。胡笙國王在 1990 年 8 月 3 日前往伊拉克首都巴格達進行了閃電式訪問。8 月 3 日，約旦眾議院議長阿拉爾在眾議院舉行會議後提到，約旦眾議院要求在沒有外來干涉的情況下，在阿拉伯內部解決伊拉克與科威特衝突問題。8 月 4 日，胡笙國王飛抵埃及，與穆巴拉克總統進行磋商。與此同時，胡笙國王也與許多國家領導人頻繁進行電話聯繫，盡力避免衝突升高。

　　1990 年 8 月 10 日，胡笙國王出席在開羅舉行的阿拉伯領袖緊急會議。會後決議，譴責伊拉克入侵和吞併科威特，要求伊拉克軍隊立即從科威特撤出，回到 1990 年 8 月 1 日之前的地方，恢復伊拉克入侵之前的科威特合法政權，譴責伊拉克在靠近沙烏地阿拉伯邊境地區集結軍隊，表示支持沙烏地阿拉伯和其他波斯灣

國家正當防禦所採取的措施。決議說，應沙烏地阿拉伯和其他波斯灣國家的要求，派遣軍隊幫助保衛其領土和安全，以防外來武力進攻。約旦對該項決議持保留態度。與此同時，約旦表示支持聯合國安理會關於制裁伊拉克的決議。

1990 年 8 月中旬，胡笙遍訪世界各國，和各國政治家討論波斯灣危機問題，表述約旦對波斯灣戰爭的立場。他一再強調，約旦盡力爭取實現沒有外部勢力捲入的阿拉伯協調解決危機的辦法，主張和平解決波斯灣危機，制止波斯灣緊張局勢升高，避免戰爭爆發；主張解除美國和伊拉克之間對抗，外國軍隊撤離波斯灣地區，伊拉克軍隊撤出科威特，同時由阿拉伯部隊進駐科威特；建議伊拉克和科威特在半年至一年的內舉行和平談判，以解決兩國之間的衝突問題；主張解決波斯灣危機應與解決阿以衝突掛鉤，反對以「雙重標準」執行聯合國決議。胡笙國王在對上述國家訪問之後，再次去巴格達與海珊總統舉行了會談。不過胡笙國王的這次穿梭外交活動未能取得預期的成果。

1990 年 11 月 6 日，胡笙國王出席在日內瓦舉行的第二屆世界氣候大會。他在講話中說，波斯灣地區如爆發戰爭，不僅會造成大量的人員傷亡、巨大的經濟損失和持久的政治對抗，而且將導致一場威脅全世界環境災難。因此，他大聲疾呼，只有和平解決波斯灣危機，才能避免上述環境災難的可怕後果。

在 1991 年 1 月聯合國安理會要求伊拉克從科威特撤軍期限到來之前，胡笙國王又一次訪問了英國、法國、德國、義大利、盧森堡等國，為尋求和平解決波斯灣危機再次做出努力。1 月 4

日，約旦決定與伊朗恢復中斷十多年的外交關係。同時，約旦首相巴德蘭表示，一旦波斯灣地區爆發戰爭，約旦將動員一切力量以武力阻止任何企圖通過約旦領土或領空進攻伊拉克的行動。他發出警告說，如果以色列進攻約旦，就是對阿拉伯民族的侵略，約旦將求助於伊拉克、敘利亞和埃及。在聯合國安理會要求伊拉克從科威特撤軍期限到達的前一刻，胡笙國王發表電視講話，要求伊拉克採取和平方式解決問題。與此同時，他強調指出，如果爆發戰爭，約旦準備全力保衛自己，絕不允許利用約旦的土地發動戰爭。

1991 年 1 月 17 日，波斯灣戰爭爆發，以美國為首的多國部隊大規模空襲伊拉克。1 月 19 日，胡笙國王呼籲停火，以便通過對話和祕密的外交活動拯救中東。1 月 28 日，約旦外交大臣馬斯里在訪問伊朗時說， 約旦支持伊朗議長卡魯比於 1 月 27 日提出的關於結束波斯灣戰爭的五點計畫。也在同一天，約旦駐聯合國大使寫信給安理會主席，要求安理會討論波斯灣戰爭停火問題。

2 月 15 日，伊拉克提出有條件地從科威特撤軍的建議，2 月 16 日，胡笙國王打電報給海珊總統，支持伊拉克的建議，稱這次是和平的、有負責精神的主動行動，並稱伊拉克提出的撤軍條件是合乎阿拉伯民族主義的要求，符合國際法和阿拉伯人的願望。2 月 22 日， 胡笙國王對蘇聯提出解決波斯灣危機的計畫表示贊同，稱讚這項計畫是結束戰爭、走向和平的偉大倡議。波斯灣戰爭結束後，胡笙國王於 3 月 1 日向約旦全國發表講話說：「科威特人民再次享有國家獨立，我們分享他們的快樂。」他呼籲分裂的

阿拉伯世界重新實現和解，在相互信任和相互尊重的基礎上建立
阿拉伯內部關係。

　　長期以來，約旦一直與美國關係密切，美國一直提供約旦軍
援和財經援助。但約旦採取了同情、支持伊拉克的立場，這一立
場與美國的波斯灣政策完全相悖。1990 年 8 月 12 日，胡笙國王
在約旦政府和議會討論波斯灣局勢的聯席會議上表示，美國在波
斯灣部署軍隊是不能接受的。他說：「任何真正的阿拉伯人都不會
贊成美國軍人開進阿拉伯的領土，因為這是違背阿拉伯世界和伊
斯蘭教的原則的。」8 月 14 日，他前往美國訪問，會晤了布希總
統，布希總統表示美國政府對伊拉克政府仍在使用約旦的亞喀巴
港口不滿。胡笙說明約旦現在接納了幾十萬的各國難民，財力已
經感到捉襟見肘。如果再關閉亞喀巴港口，約旦每年就要損失幾
十億美元的港口使用費。約旦實在承擔不起參加對伊拉克制裁的
損失，布希表示理解並同情約旦王國的處境，願意給約旦必要的
經濟援助。但要求約旦與國際社會一道制裁伊拉克。胡笙未答應
美國的要求，這次訪問未彌合雙方的分歧。

　　1990 年 9 月 22 日，胡笙國王通過美國有線新聞電視臺向美
國人民發表電視演講，批評美國對以色列和伊拉克奉行「雙重標
準」的政策，從而加劇了波斯灣的緊張局勢。他說，美國以前總
是勸說阿拉伯國家同意與以色列進行談判，以解決被占領的巴勒
斯坦領土問題，但自從伊拉克入侵科威特後，美國看來根本不願
考慮與伊拉克談判解決問題。他主張伊拉克與科威特的爭端應由
阿拉伯世界自己解決，呼籲美軍盡快撤離沙烏地阿拉伯，以防止

波斯灣出現爆炸性局勢並帶來難以估量的嚴重後果。

1991 年 1 月 17 日波斯灣戰爭爆發後,約旦電臺稱波斯灣戰爭是對伊拉克的侵略。約旦政府發言人發表演說,譴責美國的野蠻侵略,並說所有那些參與襲擊伊拉克的國家都要在真主和歷史面前承擔毀滅一支穆斯林和阿拉伯力量的責任。1 月 18 日,約旦議會舉行緊急會議並通過決議,認為多國部隊對伊拉克發動的空襲是粗暴的侵略,它不僅是針對兄弟之邦的伊拉克人民的,而且也是針對所有阿拉伯國家的,呼籲打擊以美國為首的多國部隊成員國的利益。

1 月 20 日,美國總統特使理查德・阿米塔奇訪問了約旦,就波斯灣戰爭等問題與胡笙國王及約旦其他高級官員進行會談。美國要求約旦在波斯灣戰爭中嚴守中立。伊拉克利用「飛毛腿」導彈襲擊以色列後,胡笙國王表示,如果以色列軍用飛機飛越約旦上空襲擊伊拉克,約旦將進行自衛。美國政府立即就此派要員前往安曼,要求約旦保持自制,不要捲入波斯灣戰爭。

1991 年 1 月底到 2 月初,約旦指責多國部隊空襲行駛在巴格達－安曼公路上的約旦民用卡車,炸死了一些約旦人。美國方面則辯稱說,約旦的一些民用油罐車在為伊拉克運送戰略物資,其中包括與「飛毛腿」飛彈有關的物資。美國認為約旦的民用卡車違反了聯合國關於對伊拉克實行禁運的決議。約旦方面則表示,波斯灣危機爆發後,約旦一直有進口伊拉克石油,並將此事通知了聯合國制裁委員會,該委員會沒有表示異議。因此,約旦對美國把多國部隊轟炸約旦油罐車和所謂約旦破壞聯合國對伊拉克的

制裁聯繫起來的說法感到吃驚和氣憤，並認為這種作法等於向約旦宣戰。

2月6日，胡笙國王發表了一篇措詞強烈的電視講話。他說，波斯灣戰爭的局勢發展證明，多國部隊想徹底摧毀伊拉克，以便在該地區造成一種對阿拉伯民族的現在和未來更為危險的局面。他們想瓜分阿拉伯世界的資源，想在政治上控制阿拉伯世界。這不僅僅是一場對伊拉克的戰爭，而是對所有阿拉伯國家和所有穆斯林的戰爭。胡笙國王還指責多國部隊企圖使約旦屈服。他說，約旦不願按別人定的調子跳舞，它要自由地發表自己的意見。如果把戰爭強加給約旦，約旦將應戰。他尖銳指責與美國站在一起反對伊拉克的阿拉伯國家，並呼籲阿拉伯國家共同制止這場悲劇，拯救伊拉克人民，結束這場戰爭。

布希總統表示，他與胡笙國王有重大的分歧。布希指責約旦已經完全站在海珊這邊，約旦與伊拉克結盟可能是個錯誤，他並對約旦改變其在波斯灣戰爭問題上的中立立場感到憂慮。與此同時，美國國務院決定，鑒於胡笙國王發表反美講話，美國將減少1991年向約旦提供的經濟和軍事援助。

2月10日，胡笙國王在接受美國電視臺記者採訪時說，美國誤解了他對波斯灣戰爭所採取的立場，以及他呼籲和平的精神。他強調說，約旦不僅在原則上，而且事實上一向反對伊拉克占領科威特。美國的反應刺傷了約旦人。胡笙國王表示，他希望美國和約旦之間這種不合不要長期化，雙方應把這一切都拋到腦後。波斯灣戰爭結束後，約旦開始採取主動行動，力圖修補因受波斯

灣戰爭影響而呈倒退趨勢的約美關係。

持續七個月的波斯灣危機使約旦損失慘重，中國學者時延春認為約旦的損失包括以下幾個方面：

> 長期以來，外國貸款和贈款成為約旦的第一大外匯收入，占約旦政府每年預算收入的一半以上。在一般情況下，約旦每年所獲得的外援和外國貸款都有十幾億美元。但波斯灣危機發生後，波斯灣國家停止向約旦提供一切援助。1991 年 3 月 30 日，波斯灣合作委員會秘書長比沙拉宣布，該委員會成員國將中止對約旦和巴解的經濟援助，因為它們在波斯灣危機期間站在伊拉克一邊。
>
> 波斯灣危機前，在波斯灣阿拉伯國家工作的約旦高級勞務人員近三十五萬，占約旦勞工總數的五分之二。十年來，約旦年均勞務收入一般為十億美元，最高一年高達十二・四億美元。巨額勞務收入成為約旦第二大外匯收入來源，也是約旦經濟的一大支柱，約占約旦國民生產總值的 22%到 25%。波斯灣危機爆發後，有近二十萬約旦勞務人員從科威特、伊拉克、沙烏地回國，其中在科威特工作的十萬約旦勞務人員的資產和存款損失嚴重。1990 年約旦的國外勞務收入僅為四・五億美元。隨著大批約旦勞務人員回國，增加了約旦政府在安排他們就業方面的困難。據報導，約旦的失業率高達 40%，約旦政府專門向回國的勞務人員提供三億多美元的公共服務費。

長期以來，約旦政府高度重視發展旅遊業，一年接待的外國旅遊者多達二百萬人。旅遊收入成為約旦的第三大外匯來源。過去十年中，約旦旅遊業年收入一般為六億美元，占約旦國民生產總值的 10% 左右。波斯灣戰爭期間，中東地區形勢更加緊張動盪，恐怖主義分子猖獗，波斯灣戰火更使旅遊者望而生畏。在這種氣氛下，約旦的旅遊業變得十分蕭條，昔日旅客如雲的旅遊勝地變得門可羅雀。約旦各大旅館的客房利用率下降到 5%，大部分旅館雇員被解雇。在長達七個月之久的波斯灣戰爭期間，約旦的旅遊收入幾乎等於零。

1989 年，約旦的進口額為二‧一四億美元，出口額為十一‧一億美元，其中約三分之二的商品銷往波斯灣地區。波斯灣危機爆發後，約旦所需要的商品運不進來，它要出口的商品無處推銷，其直接貿易額明顯下降。此外，約旦通過亞喀巴港所進行的間接貿易也受到巨大衝擊。亞喀巴港具有現代化設施，是約旦進出口貿易的樞紐和唯一的港口城市。亞喀巴港的吞吐量為 1100 萬噸，每年都有二千五百艘以上的船隻到港。亞喀巴與伊拉克之間有重要公路相連。在長達八年的兩伊戰爭期間，伊拉克曾通過亞喀巴港把大量的武器和後勤供應物資運往伊拉克。兩伊停火後，這條重要運輸線一直繼續使用。據報導，亞喀巴港收入的三分之二以上就是從與伊拉克進行間接貿易中賺取的。波斯灣危機後，由於國際社會執行聯合國安理會第 661 號決

議，對伊拉克進行制裁，亞喀巴港口原來繁忙的轉口貿易基本停止，約旦為此失去一筆可觀的收入。

約旦的石油儲量和產量均很小，靠進口石油滿足國內的基本需要。多年來，沙烏地阿拉伯每年向約旦饋贈一定數量的石油，伊拉克每年向約旦提供較大數量的廉價油，從而大大緩解了約旦對石油需求的壓力。波斯灣危機爆發後，沙烏地阿拉伯中斷了對約旦供油業務，伊拉克向約旦提供的石油也大大減少，約旦不得不從國際油市上進口石油。由於油價上漲，約旦在進口石油方面的費用大大增加。此外，由於大批外國難民湧入約旦，也增加了約旦的財政和供應方面的困難。在波斯灣戰爭期間，約旦面臨嚴峻形勢，迫不得已地增加軍費開支，隨著收入的急劇減少，約旦的外債有增無減。

總之，波斯灣戰爭使約旦陷入了巨大的困境，接踵而來的挑戰使胡笙國王憂心忡忡。波斯灣戰火熄滅後，他四處活動，訪問了敘利亞、法國、德國，派政治顧問歐達訪問美國，派外交大臣馬斯里訪問北非馬格里布阿拉伯國家，派團出席在開羅召開的阿盟理事會第九十五次例會。在這些活動中，約旦強調阿拉伯國家消除分歧、加強團結的重要性；強調盡快公正、合理地解決中東問題和巴勒斯坦問題的迫切性；強調約旦在波斯灣戰爭中所遭受的巨大損失，力爭獲得更多的財經援助。

珠聯璧合：約旦的政治與經濟

第一節　大勢所趨——在民主化進程中的君主立憲制

1989 年，胡笙國王為了求得國內政局的持續穩定，爭取西方國家的認同與支持，主動順應世界的民主浪潮，接受西方的「民主」、「人權」等口號，啟動約旦的民主化進程，建立適當的政治機制，以擴大各種政治力量對政治生活的參與，疏導、緩解各種矛盾，推出了一系列實行政治民主化、多元化的措施。

約旦哈希姆王國名義上實行君主立憲制，實際上，作為國家元首的國王權力很大，議會的作用十分有限，但歷代國王都十分看重議會的點綴作用。

胡笙 1953 年正式行使權力後，他任命他在英國結識的好友、當時約旦駐英大使法奇・穆爾基為首相，著手進行政治改革的試驗。胡笙早年留學英國，對英國君主立憲的民主政治制度存有一種好感，因此在執政的過程中堅持實行民主改革。與他父親一樣，

胡笙也認為約旦亦應實行政黨制和新聞自由。1954、1956 年的議會大選產生了一個由左翼勢力控制的議會，在許多重大問題上與國王意見相左，使胡笙感到國內外反對勢力已使王室的統治受到了威脅。1957 年產生了據稱要謀殺國王、推翻王室的未遂政變後，胡笙採取強硬措施，解散了一切政黨。在隨後長達四十二年的政治生活中，胡笙還曾幾次試圖推行有限的政治改革，但皆因動盪的國內政局和阿以衝突造成的地區緊張，危及到國家安全和王室政權的穩固而擱淺。1967 年阿以戰爭後，胡笙以國家安全受到威脅為理由，宣布實行〈緊急狀態法〉，從那時起直至 1989 年，整個約旦始終處於軍法管制之下。

胡笙在執政後所推行的務實、靈活的內政、外交政策，使約旦在險峻的國際政治鬥爭中絕處逢生，左右逢源，並利用 1970 年代末至 1980 年代中這段國內和地區局勢相對平穩的時期，致力發展國內經濟，使人民生活顯著改善，王室威信大大提高。國王此時確信，國內的敵對勢力已不足以構成對王室統治的嚴重威脅。而國際上，經過數次阿以戰爭失敗的挫折，阿拉伯陣營內主張放棄戰爭、以和平手段解決阿以衝突的呼聲日益高漲，這極可能為約旦創造和平的外部環境。因此，胡笙國王在 1989 年發動民主化進程。

約旦把西方「民主」、「自由」、「人權」等概念民族化。約旦民主化進程的核心是在尊重憲法、維護世襲君主制的基礎上，擴大各種政治力量對國家政治的參與，其中包括與各種政治勢力進行民主對話，以對話的方式解決分歧，擯棄各種形式的暴力和極

端行為。

根據《西亞非洲》雜誌上王波的撰文，約旦新聞部長阿布‧努瓦爾將約旦的民主化指導思想概括為八個基本原則：

一、一切受到法律保護的人享有自由。

二、實行議會民主，人民是一切權力的本源。

三、立法、行政和司法三權獨立。

四、議會有權通過不信任案迫使內閣下臺。

五、司法完全獨立。

六、實行政治多元化，任何一黨不應壟斷國家權力。

七、依照憲法的規定對人權加以保護。

八、地方政府享有自主權。

約旦竭力將西方國家所宣揚的民主概念伊斯蘭化和民族化，王儲哈桑就斷然否認人權是個西方概念，認為伊斯蘭思想早就包含這一原則。約旦許多學者和政府官員認為，按照伊斯蘭思想體系，所謂民主就是平等、正義和「協商」精神。因此伊斯蘭思想與民主原則相協調。

1989 年約旦舉行了二十二年來的首次大選，選舉後不久，國王頒布命令，宣布廢除自 1967 年戰爭以來所實施的〈緊急狀態法〉，從而為解除黨禁準備了條件。

1992 年 9 月通過了〈政黨法〉，允許政黨在遵守有關法律的前提下合法存在、開展活動。

1993 年約旦開始實施〈新聞出版法〉，依法實行新聞自由。政府對輿論的控制有所放鬆，報紙上出現了對當前政治問題的討

論。黨禁解除後，一些政黨紛紛興辦自己的報紙、刊物。

　　約旦政府提倡人權。1981 年王儲哈桑向聯大倡議建立國際人權新秩序，並當選為國際人權事務委員會兩主席之一。約旦主持了多次國際人權會議，允許一些國際人權組織在約旦開設分支機構。1992 年 11 月國王在其五十七歲生日之際頒布〈大赦令〉，赦免所有罪犯和被關押者，解決了因兩名議員被判刑而掀起的政治風波。1993 年 2 月，國王決定在安曼籌建一處自由、民主、人權研究中心，聲稱要把約旦變成阿拉伯世界的民主楷模。

　　胡笙國王將西方的民主口號與世襲君主政體巧妙地結合在一起，開展與各種政治勢力之間的對話，將國家的政治生活納入正常化、制度化的軌道，創造一個較為寬鬆的政治環境、緩和了國內矛盾。約旦的民主化進程在國際上得到了西方國家的讚賞，使約旦因波斯灣危機時的立場而受到影響的國際形象大為改觀，促進了約旦與西方國家關係的改善。由於約旦的民主化進程起步較早，具有較大的原動力，並且有相對穩定的國內政局，與保障各項改革措施的實施，因此約旦民主化穩步發展。

　　約旦當局決不允許民主化進程危及王室統治，動搖國家的根本制度。胡笙國王肯定公民享有自由、民主和人權的同時，特別強調民主必須由負責任的行為來加以保障。「那些相信民主的人同時也必須自動擔負起以下任務：保衛自己的國家，信守其認可的價值觀念，維護國家及其制度的權威。民主不允許使大多數人的權利和自由受到損害，也不允許對擔負著保衛國家和人民利益的治安機關提出異議。」

在民主化的過程中，許多新法規都有相應的嚴格限制條款。例如，〈新聞出版法〉規定新聞記者必須加入約旦新聞記者協會才能夠從業，許多新聞工作者認為這一規定侵犯了結社自由。〈新聞出版法〉還規定新聞工作者必須在有關當局認為有必要的情況下向法庭披露其消息來源。一些新聞工作者認為這會阻止政府官員向新聞界提供有關情況。

1993 年 1 月，約旦內政部以黨章有不符合憲法，並與外國組織有聯繫之嫌為理由，拒絕給約旦共產黨、約旦阿拉伯社會復興黨和約旦人民民主黨等左翼政黨註冊登記。後來由於各政黨的一致呼籲，政府有關當局才在這些左翼政黨對其黨章作了修正之後批准其正式成立。

約旦民主化進程主要是當權者自上而下推行的改革措施，缺乏群眾的普遍理解與廣泛支持。一般百姓和知識分子都不知應該如何行使自己的民主權利。據一位約旦大學社會學教授在五十名大學生中作的一項調查顯示，依據與候選人的血緣關係、或候選人的社會背景，而不是其政治理念來投票的人有四十七位。約旦議會議員也缺乏起碼的參政議政能力，議員有時把商議國事的議會辯論變成相互攻擊、口舌交戰的鬧劇。約旦一些政黨缺乏個性鮮明的理念，政黨之間相互重疊不斷分化組合。這些現象是與約旦那種傳統的部落式的政治文化所產生的政治行為相吻合的。

儘管中東和平進程曲折艱難，但不會出現那種直接威脅約旦政局穩定和民主化進程的緊張局勢。約巴之間通過協商，妥善解決他們之間的問題，所有這些都為約旦的民主化進程創造了一個

理想的外部環境，約旦的民主化在經過了一段調整和觀望後仍將繼續下去。今後約旦將致力於建立一種民主的政治文化，將沿著這條路積極穩當地走下去。

第二節　小國小康──約旦的富強之路

約旦國土狹小，資源貧乏，經濟基礎薄弱，居民生活貧困，又長期處於戰爭前線，軍費開支浩大，加上巴勒斯坦難民大量湧入約旦，政治上內外交困，經濟上雪上加霜。約旦的生存在很大程度上依賴於沙烏地阿拉伯等波斯灣國家和美國等西方國家的援助。為了生存與安全，約旦建立了一支總兵力達九萬八千人的正規軍和三萬五千人的後備役軍隊，每年的國防預算占其國民生產總值的 25% 左右。如此龐大的軍費開支也要依靠友好國家的支持和幫助。

從阿布都拉國王到 2001 年，八十一歲的約旦發生了翻天覆地的變化。其中胡笙國王執政四十七年。歷史學家把阿布都拉稱做約旦的創立者，把胡笙國王稱做建設者。但實際上把胡笙叫做團結者更為合適，因為正是在胡笙的領導下，約旦的各個部落和民族才把自己看做是一個民族國家。在他剛剛繼位時，約旦人會說自己是巴勒斯坦人、某部落的貝都因人或土庫曼人，而今天他們會自豪地說自己是約旦人。正是胡笙國王在約旦的國土上培育了約旦人共同的民族精神，造就了約旦民族主義，推進了約旦的現代化進程，使約旦走上小康之路。

　　1964–1970 年，約旦曾實行過一個以振興農業為主的經濟發展計畫。1976–1990 年又連續實行了三個五年計畫，投入了巨額財力、人力，為國民經濟的發展奠定了初步基礎。約旦國內生產總值由 1976 年的十二‧七億美元，逐年上升至 1988 年的三十四‧七億美元，國民平均生產額由同期的四百五十七美元遞增到一千五百美元。從 1973 年到 1984 年，約旦的國內生產總值的年增率高達 9.6%。1984 年，約旦國民生產總值為四十六‧七億美元。1985 年，人均收入一千八百五十二美元。由於經濟發展迅速，物價又得到了較好的控制，約旦人民的生活水平有了相當大的提升。在首都安曼，普通工人的日工資可購買八十斤大餅或十斤牛羊肉（政府對基本食品給予補貼），一個中級職員的月薪可購買一部日產的二十吋彩色電視機。安曼市場一年四季都有充足的新鮮水果和蔬菜來供應。安曼的普通居民（工人和職員）大多居住在兩房一廳附有衛生設備的套房，中等收入的居民（中高級職員和工程技術人員）大多擁有四或五間的套房和私人汽車。今天的約旦雖還有失業者，但主要是結構性的失業，是為了追求較好的工作和收入。約旦城市化進程快速，到 1984 年城市人口已占全國人口的 72%。

　　中國學者張士智認為約旦實現小康目標原因在於：實行經濟開放與貿易自由化政策，鼓勵私人投資，引進技術和吸收外資；推行經濟多樣化政策，對國民經濟結構進行調整，注重經濟效益；重視智力開發，發展全民教育事業。

一、農業現代化之路

　　歷史上，約旦的經濟以農業和牲畜養殖業為主。約旦的農業生產條件很差，近 90% 的國土是沙漠和荒山，在 10% 的可耕地中，實際可資利用、適合耕種的土地不足 5%。約旦雨水缺乏，降水集中在秋季和春季，冬季和夏季降水不足。因此約旦的農業現代化始終伴隨著水利的現代化。

　　約旦在 1967 年第三次中東戰爭中喪失約旦河西岸最為肥沃的土地，失去了生產糧食、水果和蔬菜的主要基地。因此，約旦政府決定模仿美國田納西河流域管理局的管理模式，開墾約旦河谷地區。

　　約旦河的上游在胡拉湖以北，胡拉湖與太巴列湖之間為約旦河中游，約旦河下游向南流出太巴列湖後，縱貫約旦國土，注入死海，形成一條一百公里長、五至十公里寬的河谷地帶。這裡地勢低窪，平均低於海平面二百公尺，氣候溫暖，雨量較多，適宜植物生長，但因缺乏灌溉，大部分土地荒蕪。1973 年，約旦政府成立了約旦河谷發展局，在十年內，撥款三億多美元，大規模建造水庫，開鑿幹渠，建立了大面積灌溉系統，改善了土地的耕種條件。與此同時，約旦政府還在河谷地區變革生產關係。

　　首先，改變土地占有制度。河谷地區的土地原來大部分為地主占有，出租給農民耕種，產量很低。約旦在河谷地區實行溫和的土地改革：政府以收購的方式購買地主願意放棄的土地，然後把多餘的土地（包括國有土地）重新分配給農民，使他們成為土

地的使用者，同時得以分期支付地價。

其次，河谷發展局重點發展私人經營的小型農場。經過專家們的論證，決定小型農場的面積，根據土地肥沃的程度、灌溉的條件和交通狀況，最多不得超過二十公頃，最少不得低於三至五公頃。

第三，河谷發展局建立了大批住宅、學校、醫院、商店和其他社會生活設施，也幫助農場建立了供銷系統，吸引農民移居河谷，在約旦河谷建立了一個擁有十萬居民的農業區。

第四，揚長避短，發展商品化農業和國際化農業。約旦河谷發展局大力栽培橄欖、柑橘、葡萄、香蕉、棕櫚、甜瓜等水果，並使用大型塑料棚種植蔬菜，建立了七千五百公頃四季長青的水耕地。約旦河河谷只占全國土地面積的 0.6%，但水果的產量卻占全國總產量的 89%，蔬菜產量占 85%。這不但滿足了部分國內市場的需要，還提供了 90% 的出口農產品，被譽為「中東的果園」。出口水果、蔬菜賺取外匯購買糧食，比以往單一種植糧食作物的收益要高得多。據約旦農業部的統計數字，1983 年農業產值為二‧七億美元（1984 年增加到三‧一一億美元），其中，水果、蔬菜等經濟作物出口的外匯收入為七千多萬美元。

現在，以經營小型農場為主的約旦河谷農民生活水平大多超過城市工人，有的還開始雇用廉價的外國勞工。今天的約旦農村大多生活富庶，社會安定。

近年來，約旦政府在經濟作物的生產獲得了發展之後，開始注重發展畜牧業，促進糧食逐步達到自給自足。因為隨著人口的

增多和人口城市化加劇，全國需要的糧食四分之三依靠進口，1984 年進口糧食八十三萬五千噸；在城市牛羊肉的消費量急劇增加的同時，牧區勞動力卻不斷減少，草原日益退化，原為牲畜出口國的約旦變為肉類的進口國，每年所消費的牛羊肉中的 30% 依靠進口。為此，約旦政府鼓勵個體農戶、合作社和外國企業家興辦農場，開墾荒地，準備以極為低廉的租金提供土地；並規定可在十五年內免稅進口灌溉設施和耕種機械，免除農業稅；還保證在五年內，政府按國際價格收購他們的產品；政府還為這些出租的土地提供水利、電力等基礎設施，約旦政府規定外國經營者可以享有與約旦人同樣的待遇。

二、約旦的經濟國際化戰略

約旦屬於阿拉伯伊斯蘭世界，但與英美等西方國家關係友好，一貫主張對外開放，積極引進先進技術和吸收外資，推進經濟國際化戰略。約旦政府 1972 年頒布了〈投資法〉，鼓勵外國資本，特別是波斯灣產油國的私人資本，投資經濟發展計畫的項目和創造外匯的企業，宣稱不對私人企業實施國有化，重視從西方國家引進先進技術。

約旦的〈投資法〉主要是採取了減免稅收和允許自由匯兌的兩項開放政策。約旦政府對外國投資的優惠待遇，因部門不同而有所區別。在流通和服務行業，投資少、收益快，而且技術要求不高，它希望約旦民族私人資本在這些領域中占優勢地位。因此規定：商業和服務行業的合營企業，外國資本的比例不得超過

49%。而工業項目投資大，見效慢，技術要求高。因此，〈投資法〉規定，在工業部門的合營企業中，外國資本所占的股份可以超過50%。約旦政府希望藉此多建立一些進口替代工業，以減少進口的逆差，同時多建立一些以出口為主的企業。〈投資法〉對工礦業中的重要工程項目、旅遊業、住房建築和農業墾殖等部門的合營企業，專門規定享有優惠的特殊待遇：㈠免繳固定資產和必備的零件（不得超過固定資產的10%）的關稅和其他所有進口的附加費；㈡免徵企業的純利潤所得稅和社會服務稅六年；㈢免除工程的房地產稅五至七年；㈣外國資本可在企業開始營業或生產之日起的兩年後，允許其資本匯往國外，但每年匯出的金額不得超過其原有資本的三分之一；㈤擔任技術和管理職務的外國雇員，允許其工資和保證金的70%匯往國外；雇用期滿後，可將保證金全部匯往國外。

　　為了吸收外資，約旦政府在它的唯一港口亞喀巴、內地的札爾卡和約敘邊境地區設立了三個自由貿易區。外國政府和私人資本的流入，從1970年的○‧一四億美元增加到1984年的六‧二五億美元。

　　吸收外資和引進技術是相互關聯的。約旦政府十分注意引進先進技術。約旦企業在引進先進技術時，高薪聘請外國的工程技術人員，其他的待遇也很優厚，但要求他們培養約旦本國的技術人員。而約旦企業因為職工素質比較好，企業的管理、技術人員和工人，大多數接受過高等和中等技術教育，他們比較容易掌握引進的技術。例如，約旦河谷的農業，就從西方和日本引進噴灌、

溫室栽培等技術，並配置了各種播種和收割的機械，其結果，變一年一穫為四季生產，大大提高了產量。近幾年建造的亞喀巴化肥廠、阿拉伯鉀鹽廠等大型企業，均裝置了先進設備，從進料到成品全部實現了電腦操縱的自動化。

三、約旦的工業化策略

首先，約旦一直堅持經濟自由化政策，原則上堅持不干涉私人企業的活動，發揮民族資產階級在經濟發展中的作用。迄今，除郵電、民航、廣播和電視等法律規定由政府壟斷經營外，其他的工礦、旅遊、運輸、銀行等企業一概是私人經營或與政府合資經營。

其次，約旦推行企業私有化改革，把一部分國營企業轉售給私人或出售一部分股票給公眾。例如將國營電訊公司轉為私營企業，將皇家航空公司的股票出售給公眾，還將出售一部分長期虧損的國營企業。約旦政府參照英國國營企業私有化改革經驗，要求英國專家提供這方面的諮詢。但約旦政府在水電國營的經濟改革方面，持謹慎的態度。約旦政府準備分階段出售皇家航空公司的股票，第一年為 10%，其後視輿論反應再做出決定。

第三，扶植民族私人資本發展。約旦的民族私人資本力量弱小，在工業中，中小企業占企業總數的 90%。早在 1968 年就設立了一個「工業發展銀行」，為中小企業提供低息貸款。該銀行從成立到 1981 年，共貸款六百五十六筆，四千二百二十萬美元。政府把全國分為三個區，根據經濟發展不平衡的狀況決定不相同的

稅收豁免率和豁免年限，對經濟不發達地區興辦的工業企業，豁免期最長者可達十四年。為了鼓勵卓有成效的民族私營企業，不但豁免固定資產進口稅，還可豁免六至十四年的所得稅。

1960 年代，約旦的工業化從中小型加工企業和手工作坊起步。約旦政府因地制宜，積極爭取外資和外援，特別是 1970 年代以來，約旦利用阿拉伯各國石油繁榮而容易獲得資金的機會，使它的工業獲得比較迅速的發展。據世界銀行出版的《1986 年世界發展報告》的統計數字，從 1973–1984 年，約旦工業的產值年平均增長率達 13.6%，超過韓國的 10.9%、新加坡的 8.6% 增長率。1984 年約旦工礦業的產值已占全國內生產總值的 30%，其中製造業的產值占一半。

第四，約旦充分利用本國的資源興建大型企業。首先，充分利用儲量豐富的磷酸鹽（估計蘊藏量二十億噸），其次是死海儲量豐富的鹽類，主要是含量達四十億噸的鉀鹽。約旦人提出了「變死海為金海」的口號。因此，約旦政府決定大力發展開採磷酸鹽和提煉鉀鹽，以及與這些原料相聯繫的化肥廠。磷酸鹽成為約旦主要的出口產品，1983 年的產量為四百七十五萬噸，出口三百七十萬噸。為了改變單純出口原料的狀況，約旦政府決定建立一個以磷酸鹽為原料的化肥廠，1982 年 8 月生產能力為一百二十萬噸的化肥廠投入生產。同年 9 月，在死海海濱建立了一座年生產能力為一百二十萬噸的鉀鹽廠。由於水泥原料豐富，約旦就大力發展水泥工業，現已擁有三家大型水泥廠，1982 年的產量達二百九十萬噸，部分出口。

　　第五，充分利用中小企業和手工作坊推進工業化。約旦中小企業的比例很大，占全國企業總數的 90% 以上。據統計，1975 年雇工五人以上的企業為八四六二家，共雇用職工八七四八六人，每家企業的平均職工約十人左右。約旦中小企業是一支不可忽視的力量，它的產品除了滿足本國市場的需要，還有一部分銷往鄰近的阿拉伯國家。約旦政府對中小企業採取扶植和保護的政策，在資金、稅收和技術等方面給予幫助，使這些中小企業具有較強的生命力，為大型企業的成長創造了廣闊的空間，增強了民族經濟的整體實力，維護了企業結構的生態平衡。

　　第六，政府參與大型企業。由於約旦民族資本力量弱小，無力承擔全部資金和技術，如果聽任其與外國資本合作和競爭，就有被吞併的危險。因此約旦政府往往以參與投資的方式，保證民族私人資本穩健增長。凡新開發的產品，約旦政府保護它不受外國產品的衝擊，通過保護關稅和進口許可證制度保護本國工廠生產的某些產品。

　　第七，約旦政府重視基礎設施建設。約旦政府大力興修公路，保證水電的供應，特別地擴大發電能力，發電量從 1974 年的二・一三億度增加到了 1984 年的二十一・五四億度，增加了十倍。

　　約旦經濟存在的問題和風險與約旦的經濟成就和優勢相伴而生，主要是：約旦迄今仍沒有改變消費國的本質，國內 80–90% 的商品仍需要依靠進口；約旦外債增加的速度比較迅速，1970 年還只有一・一九億美元，到 1984 年猛增到三十一・九六億美元，占該年國內生產總值的 93%。

第三節　穩步推進──約旦的智力開發

　　重視智力開發，是約旦經濟迅速發展的一個極其重要的因素，它使約旦擺脫了貧窮落後的面貌。約旦的智力開發有兩個前提。一是社會成員組成結構的變化。歷次中東戰爭使成千上萬的巴勒斯坦人流入約旦。1997 年，約旦總人口只有四百五十八萬，其中巴勒斯坦人大約有二百七十五萬，占總人口的 60%，巴勒斯坦人的文化水平在阿拉伯人中是比較高的；二是 1973 年的「石油繁榮」後，波斯灣阿拉伯諸產油國殷切需要大量的人才。前者構成約旦的智力數量，後者構成約旦智力開發的動力和出路。因此，約旦政府極為重視智力開發，把人口的數量優勢轉變為智力優勢，把國內的智力優勢轉變為國際上的智力優勢，把國內的就業壓力釋放到國際市場上，利用中東經濟區域化的機會，進行勞務輸出，分享石油繁榮的福利。

　　歷史上，約旦像阿拉伯世界的其他國家一樣，其傳統初級教育強調背誦《古蘭經》，學習阿拉伯語的閱讀和寫作，高級教育則是研究伊斯蘭神學，雄辯的口才和引經據典是一個人的博學標誌。鄂圖曼帝國統治約旦時，在約旦的東部城鎮有幾所男孩才能進的小學。1921 年埃米爾國建立以後，公共教育制度在英國的影響下開始發展。1952–1953 年，約旦擁有小學生一三一三七〇人，中學生八三〇三人，職業學校的學生一五八人，師範生四十六人，學生總數為一三九八七七人，男孩占總數的 63.5%，女孩占

36.5%，只有 40% 的女孩和 60% 的男孩在學校接受教育。約旦的有識之士強調，要通過教育改變約旦文化和技術落後的面貌，通過教育為國育才，實現富國強兵、振興民族的目標。因此，約旦將教育列為優先發展的戰略，教育經費占政府預算總支出的 10% 以上。例如，1983 年的教育經費占政府預算的 11.5%。

首先，約旦政府實行義務教育制度。首先實施了小學義務教育制度，然後普及了九年制義務教育，1981 年又將免費義務教育擴大到高中。經過三十多年的努力，約旦的教育事業獲得驚人的成就。據 1984 年統計數字表明，小學生的人數占學齡兒童人數的 100%，中學生占學齡人數的 78%，大學生占二十至二十四歲青年的 33%，基本實現了高等教育大眾化目標。

其次，以工資制度鼓勵人們接受教育。在約旦，知識分子的待遇比較高，他們的工資比普通工人高幾倍。例如，普通工人的年工資約一百至一百二十第納爾 （約合三百零八至三百七十美元），而大學校長為一千至一千一百第納爾（約合三千零八十至三千三百九十美元），而且職務越高，各項津貼越多。這項制度鼓勵了年輕人求學上進，提高了國民素質。

第三，大力發展高等教育。1960 年代初約旦在校的學生只有數百人，1980 年代初發展到五萬人左右，1985 年已超過十萬名學生，約三十人中就有一名大學生。這個比例，不但在發展中國家名列前茅，而且不比已開發國家遜色。如按大學生人數在同齡人中的比例 (33%) 相比較，它超過了蘇聯 (21%) 和日本 (30%)。約旦的高等院校大多具有相當規模，如首都的約旦大學，創建於

1962 年，到 1984 年在校學生達一一五一三人，1996 年約旦大學發展為十三個學院、九個研究中心，有二萬三千名本國學生和來自五十個國家的二千名留學生在此求學。伊爾比德的雅穆克大學，設立了九個學院和若干個研究中心，1984 年在校學生有一一七七九人。為了適應國家經濟發展的需要，約旦政府在約旦北部的伊爾比德建立了一所科技大學，1986–1987 學年招生二千人，最後擴大到一萬二千人，設有醫學、機械、農業和獸醫系。為了加速發展高等教育，約旦高等教育委員會已作出准許設立私立大學的決定。第一所私立大學將開設在南部的札爾卡附近的木塔，辦學的資金則由有關的金融界、財政機構、工商企業和教育機構等單位集資。

第四，鼓勵出國留學。約旦政府適應教育全球化和人才全球化的客觀規律，充分利用國際教育資源的優勢，彌補國內教育資源的不足，鼓勵出國留學。到 1985 年，不足三百萬人口的約旦就有八萬名學生在國外高等院校學習。他們多學習醫學、工程機械、管理、財經等學科，其中攻讀醫學的近萬人。

第五，高度重視職業技術教育。約旦建立了各類中專技校和職工技校。到 1980 年代，約旦開辦了四十四所中等專業技術學校，包括商業、農業、財經、護士、郵政、服務等。1976 年設立了全國職業培訓中心，負責和管轄各行業的在職訓練，以及提高技術的措施。約旦政府為了鼓勵工商企業自辦培訓中心，規定可以酌情減免該企業的所得稅，對經濟不發達的地區，政府還免費提供培訓中心的用地。

　　約旦由於重視教育和在職訓練，迅速提高了職員的技能，有利於吸收先進技術，提高勞動生產率，加速了約旦的現代化進程。例如，亞喀巴化肥廠，全部是現代化的設備，採用先進的技術，年生產能力為一百二十萬噸，但全廠職員（包括管理人員）只有七百多人。該廠除暫時雇用少數必須的外國專家和技術人員外，基本上由約旦人負責生產和管理。因為該廠的管理人員都接受過高等教育，其他的職員也有不少大專和中專的畢業生，最為重要的一點是，全體職員都必須接受職前訓練，部分還派往國外企業學習。又如，馬安玻璃廠，是一家大型的玻璃製品聯合企業，年產兩萬七千噸，但職員只有二百人，由於職員的技術水平比較高，可以採用更多地先進的技術和自動控制的設備。

　　智力開發為約旦創造了外匯收入的最主要的來源。由於波斯灣阿拉伯產油國文化教育落後，人才奇缺，他們十分歡迎其他國家的阿拉伯人，因為語言、宗教信仰和習俗是相同的。因此，波斯灣國家願意引進文化和技術水平比較高的約旦人。從 1974 年出現石油繁榮後，約旦人源源不斷進入阿拉伯產油國。他們不是建築工人或服務行業的勞工，大多是管理人員、會計、教師、醫生、工程技術人員和技術工人，甚至還有一部分約旦人在波斯灣國家的政府機構中擔任公職。海外工作的約旦人，從 1970 年代初的幾萬人增加到 1980 年代的三十多萬人，每年匯回國內的僑匯超過十億美元（這不包括個人自帶的外幣），遠遠超過約旦國民經濟中任何一個部門的產值。1984 年約旦國外勞務的外匯收入為十三億五千三百二十萬美元，如以三十五萬人計算，每名勞務人員匯回國

的外匯達三千八百六十三美元。巨額的海外勞務收入，成為約旦民族經濟的重要資金來源，它實現在十年內國民平均所得二千美元的目標。

約旦有三十多萬勞動力流向國外，造成國內勞動力市場的供需失調，於是採取吸引外來勞工的辦法來緩和這一矛盾。1983年，大約有外來勞工十二萬人，其中埃及人占九萬，有一部分是東南亞國家的勞工。外來勞工主要受雇於建築業、農業、服務行業（包括僕役），大多是非熟練和半熟練的工人。1983年，外來勞工匯出約旦的外匯約為一億九千四百萬美元，只占約旦海外勞務收入的十一億九千六百八十萬美元的 15.8% 左右，這也反映了約旦智力開發的經濟效益。

巨額的海外勞務收入為約旦王國帶來多方面的好處。首先，它彌補了約旦的巨額貿易逆差，使約旦的貨幣保持穩定的地位，從而緩和了發展中國家普遍出現的通貨膨脹的壓力；第二，約旦國內不少工業、商業、農業、服務業的項目是利用勞務美元建造的；第三，使不少約旦人家庭的生活水平獲得了大幅度的提高；第四，它緩和了就業，特別是大學畢業生就業的壓力。此外，在出國的勞務人員中，有不少是攜帶家屬而長期定居所在國，勞務人員加上家屬的人數估計在八十至一百萬之間。這有助於緩和國內住宅、升學和其他社會福利事業緊張狀況。

第九章 | *Chapter 9*

世紀末的交接：約旦第四位國王登基

第一節　手足之情難敵父子之親——約旦的政局變化

　　胡笙的母親扎因王太后生了三個兒子：長子胡笙、次子穆罕默德、三子哈桑。這三個兄弟個頭都不高，但都具有貴族氣質，三人在個性和作風上都各有特點。胡笙生來具有領導氣質，他少年登基，大權在握，歷經磨難，成熟老練，令人敬畏，魅力超凡。穆罕默德親王在年輕時自由散漫，飽食終日，無所用心，但隨著年齡的增長，他真心實意地擁戴他的王兄，並受命管理貝都因人部落。他與阿布都拉老國王很相似，喜歡讀書和下棋，是一位沒有政治野心的王子。三弟哈桑精力充沛，知識淵博，說話的速度非常快，是一個講究效率的人。

　　胡笙國王為了後繼有人、江山永固而絞盡腦汁，在長子阿布都拉出世後，胡笙曾立他為王儲，但是約旦國內局勢動蕩，國際環境險惡，胡笙不得不從長計議。

　　生存環境的惡劣使胡笙隨時可能死於暗殺者的槍口下，萬一他發生了不測，繼承人應該迅速接管約旦政權，穩定大局，當時尚在襁褓中的阿布都拉顯然不能擔此重任。另外，王儲必須來自哈希姆家族，並且能得到軍隊的支持。從年齡和資歷看，二弟穆罕默德親王是排在阿布都拉後面的第二繼承人，但經過慎重的考慮，胡笙決定以敕令的方式確定哈桑為王儲。

　　哈桑比胡笙小十二歲，被立為王儲時正在哈羅公學念書，是個成績優秀的學生。從哈羅公學畢業後，哈桑進了牛津大學學習希伯來文和阿拉伯文，並拿到了學位。他是哈希姆家族學歷最高的人，同時還是個出色的演說家，並對科學和經濟有濃厚的興趣。1965 年，經國會批准，他被正式立為王儲，從此也成了胡笙的得力助手。

　　哈桑王儲對他的國王哥哥非常尊敬。1967 年戰爭爆發時，哈桑曾接連給胡笙發電報，要求中斷學業，回約旦替哥哥分憂。後來約旦在戰爭中失去了約旦河西岸和東耶路撒冷時，哈桑再次提出回國承擔戰爭失敗的責任。

　　學成回國的哈桑為約旦經濟發展做出了巨大的貢獻。胡笙把發展約旦經濟和科技的重任委託給了哈桑，他沒有辜負王兄的期望。在很短的時間內，他制訂出了發展約旦經濟和科技的宏偉藍圖。他雄心勃勃地提出要把約旦建設成整個中東地區的糧倉和人才庫，使約旦成為阿拉伯世界的經濟中心。在這位王儲的堅持下，約旦政府實施了幾個三年和五年發展計畫，雷厲風行地創立了約旦皇家科技學會，迅速改變了約旦經濟和科學落後的面貌，首都

圖 29：阿利亞國際機場

安曼完成國際體育場、文化宮、展覽館、烈士紀念堂、大學城、醫學城，1983 年建成現代化的國際機場阿利亞國際機場，安曼因此成為阿拉伯世界最繁華和最富有活力的城市之一。

　　哈桑酷愛馬球，在他的努力下，約旦的馬球事業發展得很快，現在約旦是國際馬球界最發達的國家之一。他對亞洲的跆拳道也很感興趣，專門花重金從亞洲國家聘請了著名的跆拳道教練，培訓約旦的運動員，此舉居然使約旦在亞運會上得到了獎牌。

　　1992 年，胡笙國王因尿道出血住院治療，後來去美國檢查病情，在那裡通過手術切除了左輸尿管和左腎。1997 年 11 月，胡笙做了切除淋巴腫塊的手術。1998 年 7 月 14 日，醫生確診國王患有淋巴癌，必須在美國接受化療。為了安撫國內人心，約旦王室宣布，國王的化療結果很好，病情有所好轉。7 月 28 日，胡笙通過衛星向約旦全國發表電視演說，聲稱自己的淋巴癌是完全可

以治癒的，目前正在美國的醫院接受化療，需要六個療程以增強免疫力。此時的胡笙已兩鬢皆白，頭髮幾乎全部脫落，看起來消瘦而憔悴。

在胡笙赴美國治病期間，哈桑已經行使了代理國王的職務，並公開闡述內外政策。按照憲法規定，在國王出國期間，除宣布戰爭、簽訂和約和解散內閣三項權力外，得以代理國王行使其他全部權力。但一些反對黨人士認為，哈桑雖已是王位法定繼承人，並多次代理國王職務，但他並不是一個德高望重的人，或者說還不是最理想的王位繼承人。

隨著胡笙的孩子長大成人，他們至少有三人已提出了繼位的要求。胡笙的第二任妻子穆娜希望她的長子阿布都拉能繼承王位，他被視為國王在軍隊中的左膀右臂。他的第三位妻子阿利亞的兒子阿里王子完全是阿拉伯血統，在民眾中有一批追隨者，但他在王室裡沒有多少擁護者。國王與第四位妻子諾亞所生的第一個兒子哈姆扎王子是胡笙的寵兒，常常隨國王在正式場合露面。胡笙到美國治病後，諾亞將哈姆扎送到其父的病榻前，日夜守候，並就治國問題陳述自己的見解。諾亞以直接或間接的方式不斷向國王傳遞這樣的信息——最可靠的王位繼承人應在親生兒子中選拔，特別是國王寵愛的哈姆扎。

1999 年，胡笙國王身體病情惡化，他已預感到剩下的時間不多了，必須果斷解決王位繼承人問題。胡笙雖在美國治病，但心卻留在安曼。胡笙對擔任代理國王的哈桑從不滿轉為難以容忍，而最令他不能容忍的是哈桑開始為自己的登基做準備，著手解除

了國王的一些重臣的職務，安插自己的親信。這時，約旦王室的一些官員也收集了許多哈桑濫用職權的資料。這些官員把資料交給阿布都拉，讓他飛到美國呈交胡笙國王。據說胡笙看了資料後大發雷霆，立即決定飛回約旦，削奪哈桑的繼承權。

1999 年 1 月 19 日下午，約旦上空細雨濛濛，胡笙抱病返回約旦，巴勒斯坦人民解放陣線主席阿拉法特、南北葉門總統薩利赫、卡塔爾埃米爾哈馬德以及約旦王室成員、參眾兩院議員、內閣大臣在機場相迎。百萬約旦人夾道歡迎他們的國王平安歸來。

1 月 26 日，胡笙國王正式宣布解除胞弟哈桑的王儲地位，再次立他的長子阿布都拉為王儲。約旦政局發生變化是由國內外的複雜因素促成的。從國際上看，美國對哈桑擔任王儲表示不滿。一是因為哈桑在處理中東和平進程上明顯傾向巴勒斯坦；二是因為 1998 年 12 月美英空襲伊拉克後，哈桑對美國的作法不滿，引發約旦國民強烈的反美情緒。美國支持哈姆扎王子擔任王儲，美方已向胡笙保證將向哈姆扎王子提供財力、道義和政治上的支持，並為其創造安全穩定的外部環境。從國內看，胡笙對更換王儲有深謀遠慮。他當初讓哈桑出任王儲是因為自己的兒子年齡太小，不能在危難之際擔負國家重任。如果哈桑繼續擔任王儲，將來哈桑會把王位傳給他的兒子，胡笙後代會大權旁落。胡笙國王用心良苦，他讓長子阿布都拉執掌約旦武裝部隊，這位少帥經略軍隊多年，為擔任少主打下堅實的基礎。

1999 年 2 月 2 日，胡笙在美國接受骨髓移植手術，骨髓是由他弟弟穆罕默德和妹妹巴斯瑪捐獻的，但是胡笙的身體出現排斥

現象，手術失敗了。2月4日，胡笙及家人啟程回國。2月5日上午，胡笙一行人到達約旦的阿利亞國際機場，國王被送到安曼西部的胡笙醫學城。2月7日，約旦國家電視臺發表一份新聞公報，宣布胡笙國王於當天中午11時43分與世長辭。政府宣布實行四十天國喪，所有店鋪、銀行、學校和政府機關關門五天。2月8日，約旦王室和政府為胡笙國王舉行了隆重的葬禮。美國總統柯林頓、俄羅斯總統葉爾欽、法國總統席哈克、埃及總統穆巴拉克、敘利亞總統阿塞德、巴勒斯坦民族解放組織主席阿拉法特、以色列總統魏茨曼和總理那坦亞胡等四十位國家元首、政府領袖或他們的代表以及聯合國秘書長安南和阿拉伯國家聯盟秘書長馬吉德專程赴安曼，參加了胡笙國王的葬禮。

第二節　初露鋒芒──阿布都拉二世閃亮登場

1999年2月7日，三十七歲的阿布都拉二世當上約旦國王，他承前啟後，繼往開來，順應時代大潮，內主改革，外求和平，維持國內穩定，提高國際地位。

一、團結王室內部，鞏固權力基礎

阿布都拉繼位伊始，力爭叔父穆罕默德和姑媽巴斯瑪公主的支持，削除了曾任王儲達三十餘年的哈桑親王的政治權力，但仍授權哈桑繼續主持約旦最高科技委員會，參加各類國際學術活動。同時遵照先父的遺願和美國的建議，繼位後即將同父異母的弟弟

圖 30：阿布都拉二世

哈姆扎立為王儲，以爭取諾亞王后派的支持。他讓哈姆扎主持皇
家伊斯蘭研究院，並繼續在英國軍事學院學習。同時，阿布都拉
也在培養胞弟費沙爾親王，多次讓他在自己出國時擔任攝政王，
以便出現不測時控制大局。此外，阿布都拉二世還特別注重維護
部落利益，多次視察部落地區，聯絡部落酋長，使之效忠王室。

二、微服私訪，在國內外樹立形象

阿布都拉二世登基以來，他已經多次喬裝打扮，深入民間體
察民情，回來後把所看到的問題告訴內閣有關部門，責令他們限
期解決問題。有一次，他竟然戴上假髮、假鬍鬚和一副破舊的塑
膠眼鏡，拄著棍子，以病人身分去首都最大的公立醫院排隊看病，
經歷看病困難後，立即責成衛生大臣改進。2002 年 4 月 3 日晚，
阿布都拉國王和王后拉尼婭一起駕車路過一棟四層樓公寓時，忽

然發現其中一個房間起火。他立即停車,撥通消防部門報警電話,隨後指揮公寓裡的住戶快速撤退。消防隊趕到失火現場後,國王立即指揮消防隊員滅火。當大火被撲滅後,人們才認出國王的身分。2002 年巴以衝突加劇時,阿布都拉國王堅決支持巴勒斯坦人民的正義抗爭。他下令準備了多架直升機,把食品和藥品等救援物資運往被以軍圍困的巴勒斯坦地區,架起了一條解救巴勒斯坦人民的「空中航線」。更為可貴的是,國王及王后親自前往機場,與搬運工人一道把救援物資裝上直升機。阿布都拉二世的所作所為樹立了國王勤政愛民、深明大義、臨危不懼的光輝形象。

三、整飭吏治,選賢任能,勵精圖治

阿布都拉二世在 1999 年 3 月任命了由拉瓦比德為首相的內閣,摒棄原內閣成員。拉瓦比德任後任人唯親,獨斷專行,貪污腐敗,收取賄賂,大失民心。為了取信於民,2000 年 6 月,阿布都拉國王當機立斷,下令組建了由阿里・艾布・拉吉卜為首相的新一屆內閣,撤換了青年體育大臣、運輸大臣及一批不稱職的官員;利用反貪局和審計署加強對政府各部門的監督,嚴厲打擊貪污、腐敗行為;裁減政府冗員,取消行政發展部。阿布都拉國王致力於約旦的現代化建設,主張專家治國,重視發展科技。以拉吉卜為首相的新內閣是明顯的技術專家型內閣,有閣員二十九人,多為具有豐富實踐經驗的專業人士,其中九人擁有博士學位,四人是工程師。

四、牢牢控制軍隊、情報等專政工具

阿布都拉國王曾任約旦特種部隊司令，具有治軍經驗。登基後，他先後兩次撤換一批高級將領，提拔、重用忠誠可靠的年輕軍官，掌握了軍隊大權。同時，阿布都拉國王還命令精明強悍的軍官接管公安總局，任命關係密切的情報總局局長兼任國王顧問。

五、心胸開闊，通過對話與合作，讓反對派和溫和派為己所用

約旦現有二十多個合法反對黨，其中穆斯林兄弟會最具影響力。1990 年代初，胡笙國王實行民主化改革，該組織通過大選獲得議會八十個席位中的二十三席，成為最大的反對黨。穆斯林兄弟會及伊斯蘭革命行動陣線等反對派反對與美等西方國家發展關係，要求參政，近年來頻頻製造麻煩。在阿布都拉任王儲後，穆斯林兄弟會就要求他解散議會，提前舉行大選。此外，約旦國內的巴勒斯坦人長期被排斥在權力中心之外，並認為以色列是他們家園的占領者，對巴以和平進程不滿，對約以媾和態度冷淡。為穩定政局，阿布都拉加強了與溫和派、反對派的政治對話與合作。2000 年 6 月，改組的新內閣吸收了九名巴勒斯坦後裔，創歷屆政府之最，接納了三名民族主義分子，其中二人擔任副首相，吸收了三名伊斯蘭主義分子入閣，其中二人是穆斯林兄弟會成員，並同意穆斯林兄弟會等反對派提出的修改選舉制及增加眾議員席位的建議。阿布都拉國王把溫和派和反對派吸納進政府，讓他們的活動納入合法的軌道，避免了矛盾激化，避免了恐怖主義的蔓延。

六、打擊恐怖主義，穩定國內局勢

　　阿布都拉二世繼位後，阿以和談的停滯不前為約旦伊斯蘭激進勢力和恐怖分子提供了適宜土壤，社會存在不安定因素。其中巴勒斯坦的伊斯蘭激進勢力「哈馬斯」十分活躍，利用約旦的巴勒斯坦人中普遍存在的對貧富兩極化及被排斥在政治權力之外的不滿情緒，煽動群眾鬧事，製造事端，並私藏武器，危及約旦國內穩定。1999 年 8 月，阿布都拉二世採取措施，關閉了哈馬斯辦事處，逮捕並驅逐了四名領導人，凍結了哈馬斯在約旦的活動，並撥款三‧五億美元改善巴勒斯坦難民生活。此外，約旦「伊斯蘭革命行動陣線」也聞風而動，「基地」恐怖分子加緊向約旦滲透，製造事端，也引起約旦社會不安。1999 年 9 月，約旦國家安全法院以「企圖發動恐怖活動罪」判處賓拉登的「基地」組織八

圖 31：奧薩瑪‧賓拉登　原為阿拉伯富商之後，在美國資助下進入阿富汗，組織游擊隊對抗蘇聯勢力。1990 年第一次波斯灣危機時，因不滿美國攻擊伊拉克，分裂阿拉伯國家的團結，與美國決裂。此後策劃多起爆炸攻擊事件，成為美國首號通緝犯。2001 年 9 月 11 日，更策動基地成員劫持民航機衝撞美國雙子星大樓及國防部五角大廈，造成重大傷亡及經濟損失。2011 年，美軍海豹部隊在巴基斯坦境內將其擊斃。

名成員死刑。2001 年初以來，阿布都拉二世逮捕了十三名與賓拉
登有關聯的恐怖分子，將八名有恐怖活動嫌疑的利比亞人驅逐出
境。這些舉措穩定了國內局勢，得到美國的讚賞，拉近了約美關
係，也確保了與以色利的良好關係，樹立了良好的國際形象，為
國內經濟發展營造了健康的環境。

第三節　穩中求變──約旦的未來走向

一、經濟總體運行平穩

㈠實施經濟發展計畫，宏觀經濟總體運轉平穩

　　阿布都拉即位後，對經濟政策進行重大調整，制訂了 1999–
2003 年經濟社會發展五年規劃，規範市場運作，鼓勵投資，積極
尋求外資，加強外資項目的實施，使約旦經濟明顯好轉。2002 年
經濟增長率達 5%，國內生產總值將達八十六‧六億美元。財政
收入 2002 年達三○‧三九億美元，通貨膨脹率為 2%，平均國民
收入一千七百二十美元。

㈡推進國營企業私有化進程

　　阿布都拉在登基演說中表示，要把約旦經濟發展和提高人民
生活水平作為首要任務。從此，約旦加快了向外國公司出售國營
公司及私有化步伐。從 1999 年下半年開始，先後將經營不善、連
年虧損的亞喀巴鐵路公司的經營權、約旦電信公司 40% 的股份分
別出售給美國、法國財團，還準備向外國公司出售約旦皇家航空

公司 49% 的股權。同時，政府鼓勵私營企業在國民經濟中發揮更大作用，計畫將國家電力公司、國家石油公司和國家運輸公司等實現不同程度的私有化。

㈢順應經濟全球化潮流，迎接經濟全球化挑戰

1997 年 5 月，約旦提出加入世貿組織申請。在爭取入世過程中，約旦政府採取了以下舉措：

首先，加強經濟立法，鼓勵外來投資。1999 年底至 2001 年初，約旦政府先後頒布了〈公司法〉、〈銀行法〉、〈私有化法〉等法規，將關稅從 35% 降至 30%，擬進一步降至 20%，以鼓勵外來投資。

其次，加強與國際金融機構合作。約旦主動接受國際貨幣基金組織提出的 1999–2001 年的經濟調整和結構改革計畫，獲得一‧七四億美元的貸款。1999 年 4 月國際貨幣基金組織又向約旦發放了二‧二億美元貸款。6 月，巴黎俱樂部重新安排了約旦已到期的八億美元的貸款利息。此外，1999 年美國除向約旦提供了二‧二五億美元的援助外，還追加二億美元的「安全援助」。

第三，與歐盟簽訂合作協議。根據 1999 年 1 月約旦與歐盟簽訂的合作協議，約旦產品可自由進入歐盟，而約旦從歐盟進口非工業品採取逐漸免除、直至全免關稅的政策。

第四，建立自由貿易區和資格工業區。

約旦現有三個自由貿易區，區內基本服務設施齊備，水、電、郵電齊全，交通便利，由 1978 年成立的約旦自由區總公司負責管理。在自由區內除可建立生產性企業外，還可從事進口、倉儲、

混合、包裝、冷藏、轉運、展覽、調配和再出口活動，並享受自由區提供的如下優惠：免收進口稅、國內貨物稅及其他稅收。獲准在亞喀巴自由區設立分配或貿易中心的公司可免交十二年的所得稅，並可享受〈獎勵外國投資法〉給予約旦境內公司的某些所得稅優惠和減免，另外包括在約旦境外所得免交所得稅，免交社會安全稅、註冊費及雇用稅，從自由區運往外國的貨物免交關稅或國內貨物稅。

在美國的推動下，2001 年 5 月，約旦在其北部伊爾比德建立了哈桑資格工業區，和以色列搞合資項目，其產品可免稅、不受任何配額限制地出口美國。

約旦還建成薩哈伯（安曼附近）資格工業區。工業區內廠房、供水供電、道路、通訊、銀行、海關、稅務、審計、醫療保健等等各類設施齊全。約旦還計畫興建兩個新資格工業區。

根據 1980 年〈工業區公司法〉，約旦設立了約旦工業區公司，負責在約旦境內建立並管理工業區。它鼓勵現有企業遷入工業區，並對區內新建的企業提供多種優惠。在工業區內辦廠，除了享受〈獎勵外國投資法〉中規定的稅收減免之外，還可以免除房地產稅並免徵二年的所得稅。在工業區內設立公司，可以直接向工業區公司提出申請。2001 年，約旦先後與美國、歐盟簽訂了〈自由貿易協定〉，加入了世界貿易組織，完成與改善亞喀巴經濟特區以及多個資格工業區的配套工程建設。2001 年，約旦的經濟、金融、外貿運行正常，約旦貨幣第納爾的匯率穩定，政府財政赤字保持在合理的範圍內。

第五,重視人力資源開發,大力扶植新興產業。

阿布都拉國王十分重視教育事業,實行從小學到高中的免費教育,以提高國民素質,對外輸出智能性勞務,賺取外匯。約旦在外勞務人員一般在三十萬人以上,占本國勞動力的一半。1998年僑匯收入達十五‧四億美元,占國內生產總值的近三分之一。1999年,約旦政府增加了對信息、服務、旅遊等具有就業潛力的新興行業的投入,設立了一千萬美元的資訊投資基金;通過打擊盜版行為,保護知識產權;增設旅遊賓館、渡假村和娛樂設施,發揮擁有聞名於世的死海和眾多名勝古蹟的優勢;利用亞喀巴港商品集散地發展運輸、通信服務業等,努力使上述行業成為新的經濟增長點。

1999年運輸和通信服務收入達十一‧五二億美元,占國內生產總值的 15.6%。據 1999 年 8 月美國發展局的一份研究報告預計,2003 年約旦信息產業將為約旦提供三萬個就業機會,創五‧五億美元收入。

2001 年,約旦國內生產總值的增長超過人口增長,通過環保工程發展計畫,支持地方政府建立石化工業企業,興建亞喀巴世界旅遊綜合發展企業,為國民提供就業機會。約旦經濟受國際政治因素制約,約旦經濟的支柱是外援、僑匯和旅遊,均受到約旦與美國等西方國家、波斯灣國家的關係好壞及地區形勢等諸多因素的制約,收入來源沒有確切保障。約旦工業多為規模小的輕工業和小型手工業,因此國內所需大部分商品依賴進口,造成約旦對外貿易長期入超。約旦長期存在貿易逆差,加之經濟來源極不

圖 32：舉世聞名的佩
特拉卡茲尼宮殿
約旦的旅遊業興盛，
為主要的收入來源。

穩定，造成外債多年居高不下。

二、奉行靈活務實的外交政策

　　阿布都拉國王在訪問法國時對記者說：「經濟問題是事關我國
前途的一個關鍵問題。於是我對法國及其他國家說，『我們需要你
們的幫助以重振我的經濟。如果我們的經濟基礎薄弱，我們也
就無法在中東承擔我們的政治責任。』向約旦投資，就是向中東
地區的和平及穩定投資。」阿布都拉二世秉承了胡笙國王務實的
外交精神。他即位後，外交活動的核心是經濟外交，即力圖爭取
更多的外援，吸收外國投資，打開國外市場，以期爭取早日實現

勞務輸出。

一、加強同大國關係，謀求政治經濟實惠。約旦的鄰國伊拉克、以色列和沙烏地阿拉伯王國都是地區強國。為確保約旦的生存與發展，前國王胡笙採取八面玲瓏、廣交朋友、為己所用的外交戰略，一方面採取親美、親西方政策，全力配合美國的中東戰略方針，被美歷屆政府視為中東地區可靠的合作伙伴；另一方面又開展靈活的多邊外交政策。阿布都拉國王鑒於約旦在政治、經濟、軍事等諸方面都仰仗美國的支持，仍繼續保持和加強與美、歐關係。阿布都拉被任命為王儲後，美前國務卿歐布萊特就造訪約旦，會見了阿布都拉，宣布對其出任王儲予以全力支持。胡笙去世後，阿布都拉邀請各國領導人赴約旦參加葬禮，通過葬禮外交，和美國、西方盟友建立聯繫，爭取得到它們的支持。柯林頓要求國會追加二‧五億美元的緊急援助和三億美元的貸款，並親率三名前總統出席胡笙國王的葬禮，對阿布都拉的順利接班和保持政局穩定起了重要作用。

2000 年 1 月，阿布都拉出席瑞士達沃斯世界經濟論壇會議，和美、歐盟、日本、亞洲等國領導人廣泛接觸，積極謀求資金和技術援助。他仿效先王，充分利用地緣優勢，將外交與經濟掛鉤，在任期的頭一年裡就相繼訪問了世界主要國家。爭取大國更多的政治支持和經濟援助。

迄今為止，除美國答應繼續向約提供軍、經援助外，歐
洲也承諾免除約旦債務，日本允諾考慮延長其還債期。

二、密切與波斯灣國家的國際關係，積極修復與周邊國家的
國際關係。波斯灣戰爭中，約旦一度與波斯灣國家結怨。
戰後，胡笙國王適時調整政策，與伊拉克拉開距離，
1995 年接納了伊拉克總統海珊的兩個叛逃女婿及伊拉
克反對派，驅逐伊外交官。1996 年他多次出訪沙烏地，
約旦密切了與波斯灣國家互動。阿布都拉二世也積極發
展與波斯灣國家的友好關係，1999 年 9、12 月，分別訪
問了科威特和沙烏地，受到兩國的熱烈歡迎，雙邊關係
趨向正常化。科威特向約旦派出了大使，取消了對約旦
報紙進入科的禁令，重新辦理約旦人前往科的工作簽證。
隨著約與波斯灣國家關係改善，石油價格的回升，波斯
灣國家又開始了向約旦投資，提供援助。
　　由於約旦親美、親以等原因，與周邊阿拉伯國家關係處
於緊張狀態。約敘相互支持對方反對派，對抗近二十年。
波斯灣危機中，由於約旦與埃及、敘利亞等國立場相悖，
約埃、約敘關係緊張。1994 年，〈約以和約〉的簽署使
約與敘、黎、巴勒斯坦關係更趨緊張。為了與周邊國家
保持友好關係，胡笙國王開誠布公，不懈努力，使約埃、
約巴關係有所改善。阿布都拉國王為改善與敘利亞、黎
巴嫩、巴勒斯坦等周邊國家的關係，於 2001 年 6 月親赴
敘利亞總統阿塞德的葬禮，隨後又訪問了黎巴嫩，是三

十年來首位訪黎的約旦最高領導人，成為約黎關係史上
的里程碑。在巴勒斯坦問題上，約旦反對美國提出的耶
路撒冷主權劃分方案。2000 年 10 月，巴以發生嚴重流
血衝突以來，約旦一直堅定地站在巴勒斯坦的一方，譴
責以色列的暴力行徑。約旦與伊拉克有重要的經濟利害
關係，波斯灣戰爭前，伊拉克是約旦的重要市場和石油
供應國，約一半的出口商品銷往伊拉克，約旦亞喀巴港
轉口貿易的 60% 來自伊，約旦所需原油 90% 以上由伊
拉克提供，約伊關係從 1997 年開始好轉，雙邊貿易往來
增加。近年來，伊拉克每年無償向約提供價值三億美元
的石油， 1999 年以每桶八‧四美元的低價向約旦出口
480 萬噸原油。約旦公開主張尊重伊拉克主權和領土完
整，反對對伊拉克動武，呼籲盡早解除對伊拉克的制裁。
目前，伊拉克仍是約重要的貿易對象之一，約伊傳統友
好關係得以保持。

三、積極促成巴以和談，謹慎處理約以關係。約旦是美、以
與阿拉伯國家聯繫的橋樑和紐帶，出於自身處境和利益
考慮，約旦一直積極推動中東和平進程。阿布都拉國王
即位以來，奔波於敘、以、巴、美之間，頻頻會晤各國
政要，並在巴勒斯坦反對派組織間斡旋，對促進中東和
談發揮了積極作用，受到各方讚賞。阿布都拉二世理性
處理約以和約巴關係，不再重提由約旦監管東耶路撒冷
的內容，主動表示耶路撒冷問題應完全交由巴勒斯坦人

自己解決。1999 年 8 月底，他突然對安曼的巴勒斯坦激進派組織「哈馬斯」辦事處採取行動，逮捕了部分領導人，並公開宣布禁止其在約旦從事危害以巴和談的活動，從而積極支持了以巴和談。

但是約以關係的發展並不順利。其一，胡笙國王逝世時，柯林頓總統曾親自要求以色列總理那坦亞胡，在約旦河西岸地區開放約旦貨物的進口。以色列每年的外貿額約為五百億美元，而與約旦的貿易額只有五百萬美元。美國認為，以色列只要略施小惠，約旦就受益甚大。但那坦亞胡未做任何反應。其二，約旦堅持認為，以色列實行貿易保護主義的政策。由於以色列設置的邊境檢查耽擱時間太長，約旦對外貿易受到嚴重的影響，其對外貿易往來只有預期的一‧五億美元的五分之一。其三，水資源分配的糾紛。約旦嚴重缺水，一半的飲用水和工農業用水依靠以色列供應。1999 年 5 月，以色列通告約旦，由於嚴重的乾旱，向約旦的供水要削減 60%。這在約旦引起輿論嘩然，指責以色列違反了和平協議，事先也未同約旦協商。儘管後來這一問題暫時得到解決，但水資源分配的矛盾一直存在。

2000 年 7 月，巴、以、美三國舉行大衛營領袖會議。以色列提出主要應該在難民居住國安置難民的觀點，約旦首相拉吉卜當時就表示，約旦再也無力「安置任何一個新的難民」。他強調，有關各方必須嚴格執行聯合國關於難民有權返回家園的決議，任何

把約旦排除在外的解決方法都將給本地區帶來消極影響，甚至會危及本地區的安全與穩定。顯示了約旦反對「就地解決」難民問題的態度。

〈約以和平協議〉簽訂後，以色列支持約旦加強軍事力量和自衛能力，幫助約旦對付威脅約旦王國的外部敵人，間接地保護自己。約旦也意識到加強與以色列的軍事合作有利於加強自身在本地區的地位。約旦是以色列與伊拉克及波斯灣諸國的緩衝地帶。弱小的約旦和四面受敵的以色列互相依存，生死與共。其次，約旦、以色列在對待巴勒斯坦問題上都有切身利益。所以，約旦密切注視以巴談判的進展，並擔心自己的利益是否受到損害。再者，約旦希望利用以色列的經濟優勢為自己的經濟發展服務，也希望在以色列的幫助下獲得更多援助。

約旦的和平政策得到以美國為首的西方國家和阿拉伯溫和派的支持。美國一直是約旦的主要外援國，以此換取約旦對中東和平進程的全力支持，並使其保持親美路線。所以，約以關係受到美以關係和美約關係的制約。

2003 年，美國以「伊拉克持有大規模毀滅性武器」以及「推翻海珊政權，主導伊拉克人民建立新政府」為由發起了伊拉克戰爭。與伊拉克相鄰的約旦，在戰前反對美國干預中東，阿布都拉二世也與當時的美國總統小布希會面，試圖阻止這場戰爭，但最後無力回天。約旦後來允許美國的武器駐紮在約旦與伊拉克交界處，但不准聯軍從約旦發動攻擊，用意自然是希望在美伊交戰的情下，降低約旦與伊拉克的對立，維持國內情勢的穩固。

在和平政策下，約旦雖能與以色列、美國保持良好的關係，但也因此引來伊斯蘭教激進派的敵視。2005 年 11 月 9 日，「蓋達」組織在約旦首都安曼的三家飯店大廳發動連續爆炸案，導致約六十人左右死亡、三百多人受傷。這些被襲擊的飯店是西方記者、商界人士及外交人員常拜訪、下榻的地點，因此引起了國際的關注。當時的聯合國秘書長科菲·安南原本預計在 11 月 10 日訪問約旦，也為此延後行程。這起連續爆炸案引起約旦人民的憤怒，成千上萬的民眾走上街頭抗議、譴責「蓋達」組織的行徑；同時也因為此事件是約旦國內少有的重大恐怖攻擊事件，約旦遂宣布採取一波新的反恐措施，並成功地遏止國內再次發生如此重大的恐怖攻擊。

2011 年，突尼西亞發生「茉莉花革命」後，阿拉伯世界諸多國家發生了相關的抗議活動。這一波要求推翻專制政權的行動被稱為「阿拉伯之春」，對整個中東的政治、經濟局勢都產生了重大影響。約旦在這一波抗議活動中也受到波及，加上原先國內的通貨膨脹、失業率略高、食物與燃料的價格超過人民負擔，政治改革步伐也不如預期，因此民眾要求當時的首相薩米爾·里法下臺以示負責。面對憤怒的群眾，約旦做出適度的調整來應對，國王阿布都拉二世同意薩米爾·里法辭職，並多次改組內閣，陸續進行政治與經濟的改革，成功在這波革命浪潮中保住政權。

另外，約旦的難民政策，隨著周邊局勢的變化，也出現了明顯的改變。截至 2007 年，約旦接受了約 80 萬名因伊拉克戰爭而流離失所的難民。阿布都拉二世更在 2008 年親自訪問伊拉克，是

美國發起戰爭後首位到訪伊拉克的阿拉伯國家領袖。敘利亞內戰
爆發後,約旦也接納了來自敘利亞的難民,其中經過官方正式登
記的約有 60 萬人;而根據非正式數字估計,約旦境內另外還有約
100 多萬的敘利亞難民。數量之大,甚至讓約旦成立「敘利亞難
民署」來處理相關事務。雖然難民對約旦的經濟與社會造成問題,
但約旦也利用這點向西方國家及聯合國爭取補助及優惠,並設立
產業特區,核發工作證給這些難民,將其轉化為約旦經濟發展的
資本。歐盟也與約旦簽訂協定,承諾對雇用一定比例難民的約旦
廠商給予關稅優惠,有助發展約旦的經濟與改革。

　　簡言之,約旦近年來透過務實、溫和、靈活的外交策略,以
及國內的政策、法律改革,提供了跟周遭國家比較之下相對穩定
的環境,也幫助約旦吸引外資、發展經濟。一脈相承的王室,依
然保持著歷史的連續性和革新的積極性,在中東地區獨樹一格,
帶領著約旦持續發展、成長。

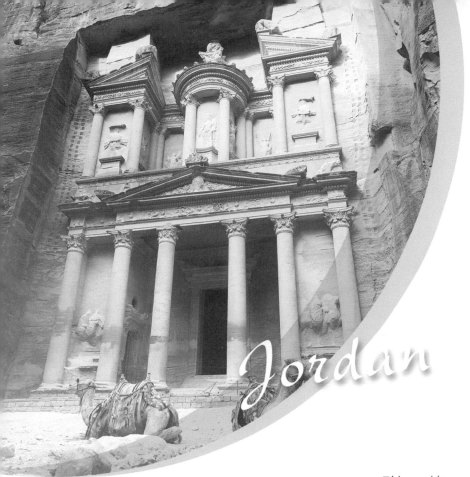

Jordan

附　錄

大事年表

西元前

九世紀　　　　　約旦卡拉克地區出現卡哈王國。

六世紀　　　　　約旦佩特拉地區出現奈伯特王國。

63-30 年　　　　約旦的巴爾卡高地屬於赫羅德王國。

西元

106 年　　　　　約旦奈伯特王國亡於羅馬帝國。

395 年　　　　　約旦屬於拜占庭帝國。

636 年　　　　　阿拉伯穆斯林大軍征服約旦。

661-750 年　　　約旦屬於阿拉伯帝國奧米亞王朝的約旦行省和
　　　　　　　　大馬士革行省。

868-905 年　　　約旦屬於圖倫王朝。

935-969 年　　　約旦屬於伊赫什德王朝。

964 年　　　　　伊赫什德王朝從謝里夫家族中任命了麥加第一
　　　　　　　　任埃米爾。

969-1070 年　　　約旦屬於法蒂瑪王朝。

1086-1154 年　　約旦屬於塞爾柱帝國下屬的杜卡大馬士革王
　　　　　　　　國。

十二世紀初　　　約旦局部屬於拉丁王國。

1154-1171 年　　約旦局部屬於張紀王朝。

1171-1250 年　　約旦屬於阿尤卜王朝。

1200 年	阿尤卜王朝蘇丹阿代爾任命克塔達為麥加埃米爾。
1260–1516 年	約旦屬於馬木魯克王朝的大馬士革行省和卡拉克行省。
1516 年	約旦歸屬鄂圖曼土耳其帝國的大馬士革行省。
1517 年	鄂圖曼帝國任命巴拉卡特為麥加埃米爾。
1631 年	謝里夫家族分裂為宰德家族和歐安家族。
1827 年	歐安家族的第一任麥加埃米爾穆罕默德·艾卜·阿布都拉·穆英產生。
1853 年	胡笙·伊本·阿里生於伊斯坦堡。
1878 年	索卡遜人開始定居約旦。
1882 年	阿布都拉一世出生於麥加。
1905 年	鄂圖曼帝國鎮壓約旦肖巴克叛亂。
1909 年	塔拉勒國王出生於麥加。
1910 年	鄂圖曼帝國鎮壓約旦卡拉克叛亂。
1916 年 3 月	英國法國簽定〈塞克斯－皮可協定〉。
1916 年 6 月 5 日	阿拉伯大起義爆發。
1917 年 11 月 2 日	英國宣布〈巴爾福宣言〉。
1918 年 10 月 1 日	費沙爾進占大馬士革。
1920 年 11 月 21 日	阿布都拉一世到達外約旦馬安。
1923 年 5 月 15 日	外約旦酋長國建立。
1928 年 2 月 20 日	英國與外約旦簽定〈英約協定〉。
1931 年	胡笙·伊本·阿里死於安曼。
1935 年	胡笙·伊本·塔拉勒生於安曼。
1950 年 4 月 23 日	外約旦王國正式更名為約旦哈希姆王國。

1951 年 7 月 20 日	阿布都拉一世遇刺身亡。
1951 年 9 月 6 日	塔拉勒國王即位。
1952 年 8 月 11 日	塔拉勒國王遜位。
1952 年 8 月 12 日	胡笙國王從名義上即位。
1953 年 5 月 2 日	胡笙國王正式即位。
1958 年 2 月 10 日	宣布伊拉克王國與約旦王國合併。
1967 年	約旦王國參加第三次中東戰爭。
1970 年 9 月	約旦與巴勒斯坦解放組織發生衝突。
1972 年	塔拉勒國王在伊斯坦堡去世。
1989 年	約旦開始民主化進程。
1994 年 7 月 25 日	約旦以色列在美國簽定〈華盛頓宣言〉。
1994 年 10 月 17 日	約旦以色列草簽〈約以和平條約〉。
1999 年 2 月 7 日	胡笙・伊本・塔拉勒在安曼去世。
1999 年 2 月 7 日	三十七歲的阿布都拉二世即位為約旦國王。
2000 年 6 月 18 日	約旦王國組成第八十五屆內閣。
2000 年 6 月和 10 月	阿布都拉二世兩度訪美，簽署了〈約旦美國自由貿易協定〉。
2001 年	由於以巴衝突持續不止，約旦召回駐以色列大使，雙方高層往來凍結。
2002 年	阿布都拉二世出訪美國、德國、義大利、英國、日本和俄羅斯，改善約旦的國際處境。
2003 年 3 月 20 日	美國發動伊拉克戰爭。
2005 年 11 月 9 日	約旦史上最嚴重的恐怖攻擊行動發生，造成約六十人死亡，三百多人受傷。
2011 年	「阿拉伯之春」發生，約旦進行政治改革。

參考書目

中文部分

列‧尼‧科特洛夫，北京大學歷史系譯，《現代約旦》，北京：北京人
　　民出版社，1973 年。

薛華明、李云生、馮韻文、將澄，《約旦》，科學普及出版社，1959
　　年。

弗雷東‧薩希布‧杰姆，加利布‧阿里夫‧圖康譯為阿拉伯語，孟早
　　譯為漢語，《我的職務是國王》，外語教學與研究出版社，1980 年。

詹姆斯‧倫特，鍾偉云、潘慕平、郭栖慶、王劍輝譯，《約旦國王侯賽
　　因》，世界知識出版社，1991 年。

田上四郎，軍事科學院外國軍事研究部譯，《中東戰爭全史》，解放軍
　　出版社，1985 年。

王靈桂、李紹先，《中東怪杰》，時事出版社，1999 年。

周翔主編，《中東政壇風雲人物》，黑龍江人民出版社，2000 年。

殷罡主編，《阿以衝突──問題與出路》，國際文化出版公司，2002
　　年。

彭樹智主編，肖憲著，《中東國家通史‧以色列卷》，商務印書館，
　　2001 年。

彭樹智主編，楊輝著，《中東國家通史‧巴勒斯坦卷》，商務印書館，
　　2002 年。

中國社會科學院西亞非洲研究所主編，《西亞非洲》雜誌。

上海外國語大學中東研究所主編，《阿拉伯世界》雜誌。

外文部分

George L. Harris, *Jordan*, HRAF PRESS, New Haven, 1958.

Ann Dearden, *Jordan*, The Camelot Press Ltd, 1958.

Kamal Salibi, *The Modern History of Jordan*, I. B. Tauris & Co Ltd, 1993.

圖片出處 ： The Jordanian Commercial Office, Taipei: 4, 8, 9, 23, 29, 32; Hulton-Deutsch Collection/CORBIS: 13, 17, 26; David Rubinger/ CORBIS: 28; AFP/CORBIS:30, 31

國別史叢書

埃及史——神祕與驚奇的古國

溫和的尼羅河為埃及帶來豐沛的水源，孕育出埃及璀璨的上古文明。近代以來，埃及為對抗外來勢力的侵略，建立起民族獨立國家，並致力於現代化。本書以通俗易懂的文字描述埃及歷史文明的演進、主流文化與特色，帶你一探埃及的過去和現在。

以色列史——改變西亞局勢的國家

本書聚焦於古代與現代以色列兩大階段的歷史發展，除了以不同角度呈現《聖經》中猶太人的歷史及耶穌行跡之外，也對現代以色列建國之後的阿以關係，有著細膩而深入的探討。